心理健康分类教育丛书
丛书总主编 黄跃群

环境
用心适应

HUANJING
YONGXIN SHIYING

主编◎图 雅 柳 维 副主编◎黄冠宁

暨南大學出版社
JINAN UNIVERSITY PRESS

中国·广州

“心理健康分类教育丛书”编委会

序　一

在以健康中国作为发展战略的大背景下，“心理健康分类教育丛书”（以下简称“丛书”）即将正式出版，这是我省监狱系统心理健康矫治教育史上的一件大事和喜事！该丛书首次全面、系统、科学、规范地对服刑人员心理健康教育各个方面进行开拓性的探索，其中来自工作一线的系列创新实践，极大地丰富了心理矫治教育内容，填补了我省服刑人员心理健康教育的空白。

“要加大心理健康问题基础性研究，做好心理健康知识和心理疾病科普工作，规范发展心理治疗、心理咨询等心理健康服务。”这是2016年8月习近平总书记在全国健康与卫生大会上的嘱托和厚望。加强心理矫治理论和方法等基础性研究，对于担负着教育人、改造服刑人员重任的监狱系统来说更是刻不容缓、任重道远。

社会所需，学术所为。本丛书的问世，具有超前性、实用性和知识性，契合了健康中国的新主旨，也较好地满足了监狱心理健康矫治教育的迫切需求。服刑人员的心理健康，关乎社会的安定和谐，需要心理健康教育者、监狱管理者、医务工作者等多学科人员的齐心协力，汇聚智慧，创新探索。本丛书的问世，在心理健康教育体系建设和规范化矫治上具有前瞻性，在加强服刑人员心理健康矫治教育上具有实用性，在提升服刑人员的心理健康素养上具有知识性。

实践为基，成果共享。本丛书夯实了心理健康研究的基础性、科学性和权威性。丛书的作者跨条块、跨领域、跨身份的合作研究，既接地气，又显生气。丛书从情绪管理入手，延伸到身心健康、人际关系、婚姻家庭、环境适应、职务犯矫治和“三观”教育的探索，把基础性研究做得扎实科学，使之成为指导实践、促进矫治的金钥匙。

本丛书开职务犯心理矫治教育的先河。职务犯心理矫治是监狱系统一个全新的课题。本丛书以心理学相关理论为基础，运用专业的心理咨询、辅导和治疗的方法，对职务犯的犯罪心理进行了深入的探究，开出了职务犯自我认知障碍与矫治、社会认知障碍与矫治、情绪障碍与矫治和适应障碍与矫治的药方，为其消除违法犯罪的心理结构、修正行为模式、顺利完成服刑改造并回归社会提供了实用性的指导，为监狱警察的矫治实践提供了专业性的指引。

本丛书开创了心理矫治教育的新视角。本丛书的主编及参编作者主要是当前活跃在心理矫治领域的一线专家和青年才俊，具有扎实的学术功底和丰富的实践经验，而且取得了许多颇具价值的理论成果。他们从情绪、人际、环境、身心、生活、回归的角度切入，导入创新的端口，给心理矫治带来新视野、新思维、新路径。

本丛书内涵丰富。在编写这套丛书的过程中，作者注意吸收近年来心理健康矫治教育的最新成果，注意国内外学术发展的最新动向，力争使丛书内容能够站在世界的学术前沿，反映心理矫治教育成熟的理论。值得欣慰的是，整套丛书将学术性、新颖性、应用性和可读性有机结合起来，以期更好地推动心理健康矫治教育的开展。

强化心理健康意识，普及心理健康生活，优化心理健康教育，建设心理健康环境是“监狱人”的所盼所归。把服刑人员改造成心理健康、遵纪守法的新人，是社会赋予我们的责任。健康中国，健康狱园，是我们的热切期待。愿本丛书的出版能为加快健康中国、和谐中国的建设添砖加瓦。

以服刑人员心理健康矫治为出发点，从“1”发轫，促进服刑人员身心健康，推进健康狱园建设的新征程已经开始，这必将为服刑人员带去更多、更广、更公平的健康福祉。丛书的出版，良可志贺，特为之序。

 *

2016 年 11 月 22 日

---

* 李景言：广东省监狱管理局局长。

序　二

心理健康教育与心理咨询是一项思想性和技术性都很强的工作，不同的社会环境，不同的社会阶层，不同的群体，其心理状况各有特点。如何结合工作对象的特殊性开展心理健康教育和心理咨询的理论与技术研究，是应用心理学界需要不断创新探索的课题。

人之初，是性本善还是性本恶，或是不善也不恶？这种关于人性的基本假设不仅是哲学、伦理学探索的课题，也是心理健康教育与心理咨询工作取向的出发点。一个人为何会犯罪？是人性恶之本源作祟，还是善心缺乏栽培和引导？服刑人员虽然身在监狱，但是否心服口服，真正认识到了自己犯罪的渊薮？事实上，将自己犯罪的原因外归因还是内归因十分重要，这几乎决定了服刑人员未来出监后的发展方向，是痛改前非还是故伎重演、重走老路？由此可见，监狱心理矫治工作在提高服刑人员改造质量，降低服刑人员重新犯罪率，帮助他们更好地适应环境等方面担负有极其重要的功能。

心理健康教育与心理咨询工作治病救人犹如医学一般，但以往的监狱心理健康教育常有教育内容针对性不强、分类不够清晰等不足，因此，如何围绕心理健康教育对象的心理问题，辨证施治，分门别类地给予有针对性的教育与实施心理矫治工作，就需要教育理念、教育载体、教育内容与方法手段的创新。正如现代医学模式正从生物医学模式朝向生物心理社会医学模式转型升级一样，监狱心理健康教育与心理矫治工作也需要通过不断的创新驱动来实现水平的提升。

我们可喜地看到，在广东高校心理学专家教授、医院心理医生与监狱从事心理矫治警察的跨界融合、协同创新之下，“心理健康分类教育丛书”付梓了。这套丛书凝聚了专家学者和监狱警察的心血和智慧，把创新发展理念付诸实践，促进心理矫治工作创新发展，对于监狱心理矫治实务工作将带来积极的影响，可喜可贺！

该丛书作者勇当分类教育创新的探索者、实践者和推动者，坚持以创新理念统领丛书，把分类教育的规律性作系统化归纳，把教育内容的丰富性作专业化总结，把教育形式的创新性作科学化提升，编写出一套“既接地气，又服水土，融合创新”的心理健康分类教育丛书，打造心理矫治教育的“新蓝海”。该丛书共分七部：《健康从心开始》《生存　生活　生命》《人际关系与沟通》《情绪管理训练》《职务犯心理矫治》《亲情与我同行》《环境用心适应》，涵盖了服刑人员的身心健康，世界观、人生观和价值观教育，人际关系，情绪管理，职务犯心理矫治，婚姻家庭，环境适应七个方面的探索，具有较强的基础性、理论性和可操作性。丛书的出版，开创了高校与监狱合作编写教材的先河，填补了监狱系统心理健康分类教育专属教材的空白，是心理健康分类教育的引领之作，对于提高监狱心理健康矫治工作的专业化和规范化水平将起到积极的指引作用。祝愿“心理健康分类教育丛书”能成为服刑人员重新认识自我、提高心理素养的精神食粮和良师益友，成为监狱心理矫治人员专业工作的指南。

谨以为序。

邱鸿钟*

2016 年 11 月

* 邱鸿钟：广东省心理卫生协会副理事长、广东省高校心理健康教育与咨询专业委员会主任、广州中医药大学教授、博士生导师。

目录
Contents

绪　论

当前，随着经济和社会的发展以及对服刑人员人权保障的日益重视，服刑人员的心理卫生状况越来越多地引起心理学家和监狱工作者的关注。服刑人员作为社会的特殊人群，经历了犯罪、被捕、审讯、判决等一系列心理应激事件，服刑期间又面临着监禁环境、改造、家庭、社会以及刑满后的就业创业等多方面的压力，加之大部分服刑人员缺乏自我调节的能力，使得这个群体的心理健康水平整体偏低，心理问题呈高发态势，这严重影响了服刑人员的改造，妨碍了其人格的发展与完善，为监狱的监管安全埋下隐患，也直接影响改造及其刑满释放后的融入社会和适应社会。因此，加强和重视对服刑人员的心理干预、心理矫治是对国际行刑趋势的顺应，是创建现代化文明监狱以及维护监狱改造秩序的一项重要措施，能帮助监狱有效避免服刑人员故意伤害、逃脱等狱内案件和非正常死亡事件的发生，并使服刑人员在出狱后能较好地重新适应社会。

随着社会文明程度的提高，人们对健康的要求越来越高。1947 年世界卫生组织提出，健康不仅指身体健康，也包括心理健康。人们越来越认识到，心理健康不仅是个人生存和发展的前提，也是个体能够依赖的最重要的内在资源。然而，迄今为止，学者们对心理健康的理解认识不一。国外学者对心理健康的研究较早，并对其含义做出了各自不同的表述。我国的心理健康研究虽然起步较晚，但也已迅速发展到一定的规模，现在国内学者已然形成了自己独到的见解，具体表现在：一方面仍然强调心理健康的适应性与和谐性；另一方面又发展了前人的理论，拓展出新的含义。综合各家定义来看，除阐明了心理健康是个体内部协调和内外适应的心理状态外，还突出其持续发展的属性，同时又兼有积极、不断地做自我完善努力的含义。这些定义不仅全面地说明了心理健康的内容和功能，而且暗示了心理健康是分层次的，即首先是个体的内心平衡及与环境的融合、顺应的状态，然后是个体能积极努力地超越外界条件，促进自我不断完善和发展的状态。因此，心理健康标志着人的心理调节适应能力和发展水平，即人在内部和外部环境变化时，仍能持久保持正常心理状态的能力，它是诸多心理因素在良好态势下运作的综合体现。心理健康的含义应包括和谐、适应、双向连续、持续发展、层次性这几个方面，缺少任何一个都是不完整的。

服刑人员作为明显区别于一般人群的特殊群体，有学者将其心理健康定义为服刑人员心理在自身与监狱环境许可的范围内所能达到的、为改造所能接受的较好功能状态，是对不健康心理或人格缺陷的重构与预防。由此可见，这种心理状态是在监狱和服刑人员个体条件许可的情况下的良好心理状态，而不是服刑人员个体在正常社会情形下所能达到的最佳心理状态。有学者认为，将通常的心理健康标准应用于监禁中的服刑人员显然是不恰当的，他们提出，服刑人员心理健康的评估标准包括：有安全感；能适度地了解自己，能对自己的犯罪根源做出正确的评价；有切合实际和自身特点的改造及生活目标；有一定的、恰当的自尊与自信；能保持正常的人际关系，没有严重的敌对和冲突；能适应监狱环境和改造生活；情绪稳定、不消极，适度控制情绪，并能在监狱许可的条件下适度宣泄情绪；没有与犯罪相关的严重心理疾病或缺陷，如反社会人格障碍、攻击性人格障碍等；善于从刑罚的教训中学习、总结和提高；在法律许可的前提下，能恰当地满足个人的需求；面对挫折，能有不违法的、有效的应对方式。

综上所述，心理健康是一个复杂、动态、连续的状态，这就决定了心理健康的标准也具有层次性。心理健康的评估标准至少有三个层次：最低层次标准用于判断个体是否“有病”。中间层次标准用于判断个体心理功能是否健全，社会适应是否良好。最高层次标准用于判断个体是否最大限度地发展自己的潜能，达到自我实现的理想状态，有效地为社会和人类做出贡献。对于绝大多数服刑人员来说，最低层次标准和最高层次标准都不太适合，所以本书着重探讨服刑人员的心理适应问题。

第一节 适应障碍的概念与类型

一、关于适应

在生物学中，当环境改变时，机体的细胞、组织或器官通过自身的代谢、功能和结构的相应改变，以避免环境的改变所引起的损伤，这个过程称为适应。具体来讲，适应一方面指生物各层次的结构（如大分子、细胞、组织、器官，乃至由个体组成的种群等）都与功能相适应；另一方面，这种结构与相关的功能（包括行为、习性等）适合该生物在一定环境条件下的生存和延续。这一概念被心理学借用，其中以瑞士心理学家皮亚杰的观点最具有代表性，他从生物学的观点出发，对适应作了具体的分析。他认为，心理、智力、思维既不是起源于先天的成熟，也不是起源于后天的经验，而是起源于主体的动作，这种动作的本质是主体对客体的适应行为。主体通过动作对客体进行适应，乃是心理发展的真正原因。个体的每一个心理反应，不管是指向于外部的动作，还是内化了的思维动作，都是一种适应行为，适应的本质在于取得机体与环境的平衡。

二、适应障碍的概念

适应障碍（adjustment disorder）是指由某一明显的生活变化或应激的生活事件引起的，加之个体有一定的人格缺陷，产生以烦恼、抑郁、焦虑等情感障碍为主，伴有适应不良的行为障碍或生理功能障碍，以致明显影响社会功能的一种反应。病程往往较长，但一般不超过6个月。通常在应激事件或生活改变发生后1个月内起病。随着时过境迁、刺激的消除或经过调整形成了新的适应，精神障碍随之缓解。较常见的应激事件包括：①冲突性危机。如天灾、人祸、破产、被解雇、工作或学习严重受挫、受恐吓、亲属突然死亡等。②消耗性危机。如受歧视、长期心理压抑、迁移、失业、法律纠纷、职业环境条件不佳、长期经济困难、判刑坐牢等。③家庭或个人危机。如婚变、代沟、空巢现象、健康状况恶化等。

三、适应障碍的类型

按照临床可将适应障碍分为以下八个类型：

1. 抑郁心境的适应障碍

抑郁为主的精神障碍是开始于心理社会刺激发生后1个月内，但症状比重性抑郁较轻，常伴有无望感、哭泣、沮丧等症状，此型在成年人中较为常见。

“抑郁心境”的基本特征是情绪低落、兴趣索然，自感思维迟缓、反应慢，不愿与朋友、同事交往，严重时有悲观绝望、痛苦难熬、生不如死的感觉。心境抑郁者常用“活着没意思”“高兴不起来”描述其内心的体验。有时会有自责、自罪感，觉得自己是家人的累赘，是社会的废物和寄生虫，常把过去的一般性缺点或错误夸大成不可饶恕的罪行，甚至通过自杀来了结自己“无用”的生命。

2. 焦虑心境的适应障碍

焦虑心境的适应障碍是指担心发生威胁自身安全和其他不良后果的心境。表现为神经过敏、心烦、紧张不安、愤怒等症状。患者在缺乏明显客观依据或充分依据的情况下，对其本身健康或其他问题感到忧虑不安，紧张恐惧，顾虑重重，或认为病情严重、不易治疗，或认为问题复杂、无法解决等，以致坐立不安、搓手顿脚、唉声叹气、双眉紧锁、极度痛苦，似有大祸临头，惶惶不可终日，即使多方劝解也仍不能消除其焦虑。

3. 混合性情绪的适应障碍

混合性情绪的适应障碍主要表现为抑郁和焦虑心境及其他异常情绪的综合症状，其症状的严重程度比重性抑郁或焦虑症轻。

4. 品行异常的适应障碍

品行异常的适应障碍主要表现为反社会性行为、攻击性行为和对立违抗性行为。

反社会性行为：指一些不符合道德规范及社会准则的行为表现，如偷东西、勒索、抢劫、说谎、逃跑、破坏公物等。

攻击性行为：攻击他人或动物，伤害、殴打、威胁、恐吓他人，使用刀、枪、棍、棒、石块等硬物或器械造成他人躯体的伤害。男性多表现为躯体性攻击，女性多表现为言语性攻击，如咒骂、侮辱等。

对立违抗性行为：指对监管人员采取明显的不服从、违抗或挑衅行为，表现为经常说谎（不是为了逃避惩罚）、偷窃、易暴怒、好发脾气，常怨恨他人，怀恨在心或存心报复，破坏公共设施；常常拒绝或不理睬监管人员的要求或规定，长期严重地不服从；常因自己的过失或不当行为而责怪他人；常与人争吵，常与监管人员对抗；经常故意干扰他人；常违反集体纪律而不接受批评。此型多见于青少年。

5. 情绪和品行混合型适应障碍

情绪和品行混合型适应障碍表现为恶劣情绪与不良品行的混合状况。

6. 躯体不适型适应障碍

躯体不适型适应障碍主要表现为有躯体主诉，如疲乏、头痛、背痛、心悸、呼吸系统症状、食欲缺乏、慢性腹泻或其他躯体不适等，而这些症状与环境的改变密切相关。

7. 工作抑制型适应障碍

工作抑制型适应障碍主要表现为突然难以胜任日常工作和学习，工作效率下降，学习成绩不佳，工作学习能力减弱。严重时不能进行日常工作，甚至不能学习或阅读资料，也称为能力减弱型。

8. 退缩型适应障碍

退缩型适应障碍表现为孤独、离群、不参加社会活动、不注意个人卫生、生活无规律。患者一般无焦虑抑郁情绪，也无恐怖症状。

第二节　适应障碍的诊断标准、特点和表现

一、诊断标准

1. 症状标准

症状标准一般分为：①有明显的生活事件为诱因，尤其是生活环境或社会地位的改变（如移民、出国、入伍、退休、入监等）。②有理由推断生活事件和人格基础对导致精神障碍均起着重要的作用。③以抑郁、焦虑、害怕等情感症状为主，并至少有下列一项：一是适应不良的行为障碍，如退缩、不注意卫生、生活无规律等。二是生理功能障碍，如睡眠不好、食欲不振等。④存在见于情感性精神障碍（不包括妄想和幻觉）、神经症、应激障碍、躯体形式障碍或品行障碍的各种症状，但不符合上述障碍的诊断标准。

2. 严重标准

社会功能受损（孤独、离群、不愿参加集体活动、不注意个人卫生、生活无规律、工作能力和效率下降等）。

3. 病程标准

精神障碍开始于心理社会刺激（但不是灾难性的或异乎寻常的）发生后1个月内，符合症状标准至少已1个月。应激因素消除后，症状持续一般不超过6个月。

4. 排除标准

排除情感性精神障碍、应激障碍、神经症、躯体形式障碍，以及品行障碍等。

二、特点

监狱是对罪犯实行刑罚的场所，对罪犯有多方面的限制。一个人从普通的社会生活环境进入监狱，面临的一个最大的问题就是适应。初入监的服刑人员一般都会表现出适应性困难，这种适应性困难有两方面的特点：

1. 与权利的丧失有关

在监狱服刑的服刑人员，丧失了自由的权利，这是最令其感到痛苦的。服刑人员只能在有限的时间、空间内活动，这种自由的被剥夺对服刑人员心理层面，尤其是自我价值感带来巨大冲击与损伤。另外，在服刑期间，服刑

人员自主性丧失，无法自主决定自己的衣食住行，虽然监狱能够保障最起码的生活标准，但在物质和服务方面仍受到很多方面的限制。

2. 与需要的剥夺有关

著名的心理学家马斯洛把人的需要分为五个层次：生理的需要、安全的需要、尊重的需要、归属和爱的需要、自我实现的需要。以下就服刑人员的三个需要予以说明。

（1）归属和爱的需要被剥夺。在这五种需要中，服刑人员对归属和爱的需要应该是最为强烈的，刚入监的服刑人员会有被社会抛弃的感觉。由于服刑，需要得不到满足，部分服刑人员对待感情比较冷漠，仇视社会，报复心理严重。

（2）安全感被剥夺。在服刑期间，服刑人员需要面对其他服刑人员，其中不乏极具攻击性的，这会造成服刑人员精神上处于紧张状态，缺乏在正常社会生活的安全感。不得不与具有暴力倾向的服刑人员长期生活在一起，使得大多数服刑人员长期处于紧张、焦虑的状态，进而导致出现心理问题。

（3）自我空间被剥夺。服刑期间，服刑人员生活在狭小有限的空间内，拥挤导致服刑人员自我空间被剥夺。拥挤降低了个人对环境的控制感，干扰了个人目标，限制了个人的自由和隐私，导致了相互打扰和对个人空间的侵犯。

三、表现

1. 认知方面

在新入监的服刑人员中，一些内向的人不喜欢与不熟悉的人交往，总担心别人瞧不起他；有的认为监狱存在牢头狱霸，感到难以适应周围的人和事物，怀念以前的熟人和旧事。容易产生一些非理性的认知，例如，“还是过去好”“周围没有人喜欢我”“这里的人不真诚”“我的人生完了，改造再好也没有用”“以后不必严格要求自己”等等。

具体表现：

（1）要求绝对化。总是主观地看待事物，认定某件事必定会发生或必定不会发生，常用“必须”或“应该”等字眼。

（2）过分概括化。评价事物好以偏概全，如果自己做错一件事就认为一切都完了，应受处罚，故容易自责自罪或自暴自弃，认为自己一无是处而焦虑抑郁；如果别人有了差错，就认为对方很坏，一无是处，从而一味责怪别人，甚至有敌意或愤怒情绪。

（3）糟糕透顶。认为任何事物都要按自己意愿发展，否则就太糟了，甚至可导致非常可怕或灾难性的后果。常易使当事人陷入焦虑、抑郁、羞愧、绝望、不安、极端痛苦的情绪中。

2. 情绪方面

由于环境等情况的变化大，压力大，一些服刑人员容易出现害怕、嫉妒、焦虑、自卑等情绪表现。对改造感到力不从心，容易产生厌恶情绪，总认为到这里了就一切都没有希望了，很容易自卑、生气，产生强烈的孤独感；有的服刑人员与管教干警对立，总认为他们与自己过不去，对他们善意的帮助也从反面去理解。

具体表现：

（1）焦虑心境的适应障碍。主要表现为神经过敏（多疑，容易大惊小怪）、心烦、心悸（自觉心跳快而强或心慌伴心前区不适感）、紧张不安、担心、害怕、激越（情绪强烈、激昂，声音高亢清越）等。

（2）抑郁心境的适应障碍。主要表现为心境不良、对生活丧失兴趣、自责、绝望感、沮丧，严重时可有自杀行为，但比重度抑郁症状轻。

（3）其他还可见无能为力感、惶惑不知所措、胆小害怕、自卑、自责、注意力不集中等症状。

3. 行为方面

新入监的服刑人员的适应障碍在行为上的表现主要有：退缩、过分保护自己、什么活动都不参与、从不主动和他人交往、不注意个人卫生、生活无规律、工作能力和效率下降等。而有的服刑人员在刚进入监狱时，内心想表现积极，但总认为自己没有用，别人看不起自己，情绪极不稳定，使改造生活受到很大的影响。

4. 生理方面

新入监的服刑人员由于认知、情绪及行为上或多或少出现程度不一的问题，可能导致生理功能障碍。可出现颤抖、心悸、呼吸不畅、窒息或呼吸急促、坐立不安、出汗等自主神经功能紊乱的症状；也常见头晕、头痛、腰酸背痛、肢体麻木等；还可见食欲减退、恶心、呕吐、便秘、腹泻等胃肠道症状，常同时伴有体重减轻及睡眠障碍等。

第三节 产生适应障碍的原因

入监可以说是服刑人员人生中的重大生活事件，服刑人员在入监后不仅要面临全新的生活环境，还要面临新的生活和新的人际关系。这时，他们需要调整新的生活方式和生活习惯，需要努力融入新的环境，调整人际关系相处模式。这一系列的转变需要一定的时间和精力，需要经历一个过程。服刑人员如果没能及时进行这些调整，可能就会出现适应问题。另外，还由于服刑人员在新环境中人际关系不够好、认识的人有限、缺少交流沟通、没能建立亲密关系等而产生适应障碍。

适应障碍的主要病因具体如下：

一、生理因素

生理因素包括遗传（家族精神病史）和躯体病史（头部外伤、身体残疾和其他躯体疾病等）。服刑人员可能因为对生理的疾病或身体的残疾十分在意，对其他服刑人员的言行表现出过度的敏感和敌意。与其他服刑人员格格不入，情绪低落、焦虑、敏感、抑郁。存在绝对化和糟糕至极等错误观念，即想法比较极端，总是把小事化大，对不确定的事自以为是，把一点不好的事情扩展到认为一切都毁了。不能正确面对身体残疾和环境的改变，导致心理失衡；性格内向，情绪不稳。因为挫折的错误归因、极端思维导致不能平静地接受自己身体有残疾这个事实。习惯把一切过错都归咎于自身身体的疾病或残疾，认定他人看不起自己。由于身体残疾，事业无成，感到自己一无是处。

二、社会因素

除了家庭关系，服刑人员在监狱外的社会关系也是影响服刑人员进入监狱后是否产生适应障碍的一个重要因素。

（1）社会支持。社会支持是指社会网络运用一定的物质和精神手段对社会弱势群体进行无偿帮助的行为总和。简单来说，就是指人们感受到的来自他人的关心和支持。适应不良与社会支持呈显著负相关，即社会支持越好，则相应地越少表现出适应不良。

众多研究显示，个体适应新环境的能力与个体的社会支持系统有关。遗憾的是，关于服刑人员刚入监时出现适应不良现象的研究不多，我们还无法具体知道社会支持系统对服刑人员的适应不良症状影响有多大。但我们可以通过其他相似环境的研究来了解社会支持系统对适应不良的影响。如有关于军人适应不良与社会支持、家庭情感表达及相关因素的研究结果显示，社会支持、家庭情感表达是影响军人适应不良的主要因素，军兵种及职务为次要因素。从中可以看出，社会支持也是影响适应不良的主要因素。良好的社会支持可以降低应激，减少适应不良行为，可能是社会支持的作用在于为个体提供较多的情感安慰、倾诉等方式，使个体在解决适应不良问题时轻松一些，或者也可能是社会支持能缓冲个体遭遇到的应激事件，使得个体适应良好。

服刑人员在监狱的适应不良是在特定环境下的适应不良，具有一般适应不良的特征，但也具有一些特性。服刑人员是由于犯罪而被送进监狱的，他们的心理压力比一般情况下的要大很多。他们会有负罪感、自卑感和绝望感等许多悲观情绪存在。监狱是一个特殊的环境，绝对陌生、压抑、艰苦和没有自由。服刑人员需要更多的社会支持来支撑他们，使他们有勇气、有希望去尝试适应监狱生活。

（2）入监前的人际交往情况。人际交往是人类社会生活的重要内容之一。自我的发展、心理的调适、信息的沟通、各种不同层次需求的满足、人际关系的协调，都离不开人际交往。在实际的交往过程中，总是或多或少地存在着一些不尽如人意之处，影响了人际交往的正常进行。

人际关系的友好发展有助于个体的发展，促进个体进行社会适应。服刑人员在监狱的适应不良与其入监前的人际交往状况有一定的关联。人际交往障碍是人在交往过程中阻碍人际关系建立的各种因素，不良性格导致的交往障碍有以自我为中心、多疑、孤僻、羞怯、嫉妒、自卑、自负、世故、恐惧等。而这些不良性格也更容易增加服刑人员入监后适应障碍发生的概率，人际关系不良是诱发人群心理问题的重要因素。

（3）与监狱非正式群体的融入情况。入监后，原有熟悉的环境不复存在，原有的人际关系网络也随之消失，熟悉的身影已被监狱的高墙所隔离，取而代之的是来自本市或外地的各行各业的陌生人。以前自由自在的生活环境被禁锢，进入监狱等于进入另外一个社会。所有的服刑人员都需要重新在这个社会进行交际，除了与干警的必要接触外，与监狱的非正式群体的交际也成为监狱生活必不可少的一部分。

三、心理因素

1. 对监狱监规的拒绝

服刑人员刚入监时可能因其认为被判刑过重而愤怒，或对减刑无望而绝望，带着种种极端的负性情绪，拒绝主动接受新环境。表现为思想消沉，不能正视自己的罪行，不能接受判决的结果而整天沉浸在忧伤和悔恨中；对干警的教育十分抗拒，参加日常改造活动也很消极；对监狱的任何事情都会不满或无所谓，心理上抵触这个新环境。其实，人与人的感情和关系要建立在交流的基础上，抗拒接受监狱环境的人很难与其他服刑人员沟通感情，更加无法适应狱内的人际环境。

2. 角色转换困难

在经历了拘留、逮捕、审讯、判决等程序后，从看守所到监狱，成了一名彻底失去人身自由的服刑人员，一般人都会有较大的心理落差。有些人虽然嘴上承认，但心里根本就不愿意接受这个事实，因此难免陷入痛苦的心理矛盾之中，同时带来思想情绪上的变化，包括失落、悲观、恐惧、孤独、憎恨、焦虑以及自卑绝望心理。尤其是本来在社会上有些社会地位或文化修养较高的人以及心理素质较差的人，当他们看到每天在一起的人素质参差不齐，回想起原有的社会地位和亲人的关爱，心理波动就会较大，容易出现情绪上的不稳定。还有的服刑人员不服法院判决，不认罪，并因此不能投入到正常的改造中去。

3. 服刑人员的自身性格特征

人格是一个人的能力、情绪、价值观和习惯的行为方式的有机整合，它赋予了个体适应环境的独特模式，这种独特的模式和特质会对个体的社会生活和适应产生重要影响。内心极度自卑的人，对遭遇到的挫折往往外归因，不想承担责任，面对挫折采取逃避的方式。适应不良与应对方式有重要的关联，采用比较积极的应对方式，如求助、解决问题等，将有助于其适应新的环境。对消极懈怠的服刑人员应及时引导，使其形成积极的应对方式来应对不同的心理应激事件，更好地适应新环境。

同样进入监狱服刑，并不是所有的人都会出现适应障碍。个体的自身性格特征不同，即使应激源的强度并不是很大，也有可能引起适应障碍。适应不良的人常常出现以下三种性格特征：

（1）情绪不稳定，常表现为情绪不成熟，容易激动，易受环境支配，心神不定，不能面对现实且急躁不安，甚至有失眠、噩梦、恐怖现象。

（2）高度忧虑、高度紧张，甚至出现沮丧悲观的情绪，常有患得患失之感。在社群中缺乏与人接近的勇气。

（3）不能很好地调节自我与现实之间的关系，常有不足之感，性格内向，喜欢孤独，不善与人交往。

4. 自卑

很多服刑人员对自己缺乏客观的评价，认为自己什么都不好，别人什么都比自己强，别人都看不起自己，别人不愿意和自己交往，所以容易自我封闭，不愿意与人交往。还有，自卑的人通常都会拿自己的缺点和别人的优点相比，总是觉得自己处处不如别人，看不到自己的价值。长此以往，就会产生一种悲观厌世的情绪。因为找不到自己的价值所在，所以容易对生活失去希望，严重自卑的人甚至会产生轻生的念头。

5. 心理疾病

（1）抑郁。以持续的心情低落为主要表现，与其处境不相称，可以从闷闷不乐到悲痛欲绝，甚至发生木僵。严重者可出现幻觉、妄想等精神性症状；兴趣丧失、无愉快感；精力减退或出现疲乏感；精神运动性迟滞或激越；自我评价过低、自责，或有内疚感，甚至希望被判死刑以求解脱；联想困难或自觉思考能力下降；反复出现想死的念头或有自杀、自伤行为；睡眠障碍，如失眠、早醒，或睡眠过多；食欲降低或体重明显减轻等。整日愁眉不展，心不在焉，对外界事物都不太在意，劳动的积极性不高，没有与人交往的欲望，或伴有躯体疼痛等症状。

（2）焦虑。焦虑是以持续性紧张、担心、恐惧或发作性惊恐为特征的情绪障碍，常伴有口干、心慌、气短、出汗、尿急、尿频等自主神经症状，以及头痛、入睡困难、梦境体验、夜惊、梦魇、肌肉紧张、轻微震颤、多动不安等。患者因无法忍受、无法摆脱焦虑情绪而痛苦不堪，可与抑郁、劳倦、恐惧、强迫症状、人格解体等并发。工作效率下降，劳动能力差，社会功能受损，给本人造成痛苦或不良后果。

6. 归因方式的偏差

归因是指人们对他人或自己行为的原因的推论过程。具体地说，就是观察者对他人的行为过程或自己的行为过程所进行的因果解释和推论。

影响归因的因素：①社会视角。由于人们在归因上的社会视角不同，因而对行为原因的解释也有明显的不同。②自我价值保护。个体在归因过程中，对有自我卷入的事情的解释，带有明显的自我价值保护倾向，即归因向有利于自我价值确立的方向倾斜。③时间因素。随着时间的流逝，归因越来越具有情境性，人们会将过去很久的事件解释为背景的原因，而不是行为主体、刺激客体的原因。④其他。影响归因的因素还有能力高低、努力程度、任务难易、运气好坏、身心状态和外界环境等。由于上述因素的影响，每个人的归因方式都是不同的。而归因方式的不恰当可能会引起服刑人员的适应不良。

归因的结构可分为内归因与外归因。内归因与外归因是将造成事物结果的原因归结为自身或外在。部分服刑人员采用的归因方式为外归因，把造成其入监服刑的原因归结为司法部门的不公平，认为自己没有犯错。

外归因时常把问题和责任推卸给外在，认为问题是不可改变的，从而时常自怨自艾，不会主动去解决问题和改变自己。而内归因的个体能够更好地适应环境的转变。当服刑人员将行为结果归因于自身因素时，他们就相信自己能够把握导致自己成功或失败的因素，取得成功时，能够充分肯定赞赏自己，增强自信心；而失败时，也会从自身找失败的原因，做出积极的改变，而不是怨天尤人。但如果个体的心理承受能力较弱的话，这种归因方式也容易导致个体产生自怨自责、后悔等不良情绪，这种负性情绪如果不能及时排解，时间长了就会影响个体的身心健康。这需要对其加以明确区分和适当引导。

四、家庭环境因素

社会适应是个体在成长与发展过程中面对生活、工作、人际、情绪等各方面新问题时，心理功能在有效与和谐方面调整的过程与状态，个体在这一过程中逐渐形成了应对环境变化的能力，形成自己稳定的人格。社会适应能力初成于儿童时期，发展确立于青年阶段，是一个连续的发展过程，随着生活的改变和教育的进程在不断改变或调整、发展、提高。儿童的社会适应能力与一些行为特点，可能是其未来发展及问题出现的预示。

（1）家庭成员情况及其关系。一般来说，对新环境适应不良的人群大都有不良的家庭环境，子女难以正常进行社会化过程，日久天长，容易导致子女心理缺陷。常见家庭问题有：①父母离异、单亲生活、家人不和、子女心理发育不良或子女缺少温暖与家爱。②父母有违法行为或不良嗜好，其不良行为常在子女面前暴露，家庭成为子女的黑色染缸。③暴富家庭或为官不良的父母，他们的不良生活习惯或言行使子女耳濡目染，影响子女世界观、人生观的健康养成；④家庭教育方法不当，或望子成龙，对子女要求过严过苛刻；或疼爱子女，宠溺过度；或认识偏差，误导子女。

（2）家庭重大变故。家庭发生的重大事件的影响，加上服刑人员自身的性格特征，二者互相作用，较容易引起适应障碍，常见重大事件有：①服刑人员父母的婚姻关系发生变化；②服刑人员自己的婚姻关系发生变化；③家庭经历迁徙、破产或者亲人病故等重大事件。

（3）父母教养方式。教养方式是指父母在对子女实施教育过程中通常所运用的方法和方式，是其在教育、抚养子女的日常生活中表现出来的一种行为倾向，是其教育观念和教育行为的综合体现。父母是儿童的第一任教师，家庭是儿童最早接受教育的场所，父母的教养方式潜移默化地影响子女，特别是对子女的个性心理发展、人格形成乃至一生身心健康都有着重要的影响。

父母给子女较少的情感温暖与理解，以及对子女的惩罚、严厉、拒绝、否定，是导致犯罪的隐形炸弹。服刑人员父母的教养方式存在问题，使子女与父母之间的相互交流、沟通减少，导致子女与父母缺乏亲近感，成年后与父母疏远，渐渐与家庭疏远，走上“独闯江湖”的道路。在失去父母的监控之后，有的子女一失足成千古恨。

第一章

入监适应障碍

【案例】

陈某，男，47岁，已婚，大学文化，因非法经营被判刑四年，入监服刑两月左右。“我犯了罪，我自己也认罪，就一心想通过自己的努力劳动来争取减刑，好早日回到亲人的身边。我是一名内科医生，没有从事过什么体力劳动，身体也比较瘦小，现在只有90斤重，另外我的左手肘关节处曾受过伤。由于身体原因，我虽然尽力去劳动，可总是完成不了劳动定额，每天只要有需要反省的人，那肯定包括我。我感到很委屈、很难过，没有胃口，也睡不好觉，很累、很绝望。如何完成任务这个问题一直困扰着我。在这里服刑，我感觉很孤独。家人虽然对我仍然很好，但每次接见也只有半个小时，没法满足我对家人的思念。心里很烦躁、很恐慌，我真想找一个没有人的地方大哭一场。我很想找警官或狱友一起聊一聊，可又不敢，老觉得他们看不起我。我什么都做不好，是个坏人，又是个废人，经常走到警官或狱友面前时，又掉头走了。”

第一节　症状表现

入监初期，服刑人员因原有的社会地位丧失，生活环境急剧变化，必定面临着角色转换问题。在角色转换和融入监狱改造环境的过程中，会出现诸多不适应的表现。

一、认知方面

面对陌生的监禁环境，一些新入监服刑人员由于对监禁环境缺乏了解或对监狱原有认知上的偏差，加之受一些服刑人员的不良引导、威吓，在认知上出现了混乱，从而对教育改造生活无所适从，有的服刑人员还会出现紧张、不安、恐惧情绪，同时也缺乏一定的自我认同感和人际信任。

二、情绪方面

由于入监前后的环境变化，以及入监教育阶段的各种要求和习惯改变，诸如学习规范、队列训练、人际交往、生活习惯等，需要服刑人员在心理和行为上重新做出调整。在调整过程中可能出现情绪上的不稳定，或产生不良情绪，如失落自责、孤独无助、焦虑紧张、悲观绝望等。

三、行为方面

有些服刑人员思维迟钝，言语动作减少，平时不爱与他人交流，无法适应日常的教育改造活动。有些服刑人员则兴奋过度，言语动作过多，易激动，易与他人产生冲突。还有些服刑人员消极应对干警管理，以各种理由借口逃避监规学习、训练，甚至出现对干警管理的逆反和抵触行为。此外，在入监初期，服刑人员还可能出现头晕目眩、疲乏无力、食欲减退、多梦易醒等躯体反应。

第二节 诊断评估

一、犯罪前生活状况评估

（1）家庭及家庭关系、家庭气氛、家庭教养方式评估。通过服刑人员在陈述过程中的情绪变化了解他们对特定的人或事件的感受。

（2）当时生活水平与经济状况评估。评估服刑人员犯罪前的生活水平与经济状况，目的在于区分服刑人员是由于生活所迫（过度贫穷），还是由于贪图享乐导致犯罪，抑或是职业犯罪。

（3）生活中重要他人的评估。有些服刑人员的犯罪是受各种外部环境因素的影响，使其将某些黑恶人物形象内化为自己的榜样，从而走向犯罪道路。

（4）同辈群体状况评估。了解服刑人员入监前曾经交往的同辈群体行为、习气、学业状况、该服刑人员以前在群体中充当的角色等，分析服刑人员的人际交往的范围和接受外界影响的特点。

（5）生活史采集。包括教育成长过程、家庭与近邻的历史情况、经济情况、人际关系情况、恋爱婚姻情况、学业职业情况、兴趣娱乐爱好、违纪违法犯罪及各种处分记录等。

二、入监后生活环境评估

（1）监狱环境。监狱环境是服刑人员生活中不可回避的问题，对服刑人员心态的调整有重要影响。监狱环境包括监狱的文化环境、劳动环境、生活环境、监狱管理者塑造的监狱气氛等。

（2）服刑人员人际关系评估。服刑人员人际关系包括服刑人员与服刑人员之间、服刑人员与干警之间的关系。评估服刑人员的人际关系，适时予以指导，对预防重新犯罪有重大意义。

（3）服刑后认罪态度和思想状况评估。

三、心理健康状况评估

（1）心理困扰评估。对服刑人员心理困扰应及时给予评估和疏导，并有专人记录和管理。

（2）行为异常评估。对行为上出现反常的服刑人员，应综合评定，排除躲避劳动、寻求保外就医、逃避惩罚等原因后，请医生和心理治疗师、精神治疗人士共同诊断。

（3）精神异常评估。对精神失常服刑人员的心理评估，包括诊断非精神疾病和真正的精神病，并及时采取控制措施，有效避免这些失常者给监管秩序带来的隐患。

（4）认知能力与认知偏差评估。认知上的偏差常常是导致服刑人员走上犯罪道路的重要原因。常见的认知偏差有：对社会不公正现象的放大；对社会比较结果的过度体验；对自尊与“面子”的夸大；对自我的极端认识——自卑或自大；对人生价值的简单化；对人生发展的悲观信念；对社会规则的蔑视和对英雄的理解偏差等。

（5）人格发展评估。通过人格评估分析服刑人员的人格缺陷。鼓励服刑人员寻求人格发展，追求人生价值的真正实现，是人格发展评估的终极目标。

四、服刑人员危险性评估

（1）暴力危险性评估。一般采用《中国服刑人员心理分析测试量表》测评，分析人格因素得分剖面图，着重从内外向、情绪稳定性、同众性、冲动性、攻击性、报复性、信任感、同情心、自信心、焦虑感、聪慧性、心理变态、犯罪思维模式 13 项内容分析，确定服刑人员是否具有暴力危险性人格。

（2）自杀危险性评估。包括对服刑人员自杀危险因素的评估、自杀意念和采取自杀行为的可能性大小评估，以及对准自杀和自杀态度的评估等。

（3）动态刺激因素危险性评估。动态刺激因素是指能引起服刑人员情绪波动的刺激因素，如家庭来信中的有关刺激、犯罪之前的朋友的各种信息、同案犯信息、监狱干警对服刑人员的态度、违反监狱纪律后的处理、服刑人员之间的人际冲突等。评估这些信息，必要时采取控制措施，避免监管事故的发生。

五、改造难度评估

在入监教育即将结束之前，要对服刑人员进行改造难度评估，主要通过心理测验的方式进行。对服刑人员改造难度进行预测评估并进行等级划分、结果分析，提出下一步的管理教育建议，制作预测汇总，制定教育改造方案。

（1）改造难度评估的内容。主要有 10 项：身体健康状况、家庭关系、犯罪情况、对定罪量刑的认识、悔罪程度、心理健康状况、对监狱的认识、服刑态度及身份意识、对人生目的及前途的认识和入监教育期间的表现。

（2）改造难度评估的结果。对每一名服刑人员进行个体改造难度评估。评估分值一般为：易改造级（20～30 分）；较易改造级（31～50 分）；一般改造级（51～70 分）；较难改造级（71～90 分）；难改造级（91～100 分）。

（3）改造难度评估的实施。要在监区管教办公室，由监区个体改造难度评估工作小组对服刑人员进行个体改造难度评估，包括个体改造难度评估等级评估、个体改造难度评估结果分析和个体改造管理教育建议。服刑人员个体改造难度评估结果分析表应由监区领导签字、分监区领导签字和制表人签字。服刑人员入监教育结束分流到各个监区后，还要对服刑人员进行改造难度预测评估的追踪，检验评估的正确性，及时调整教育改造方案。

六、常用心理测评工具

（一）普遍性适应不良量表

1. 编制背景

Welsh（1952）编制的普遍性适应不良量表（General Maladjustment scale，Gm），是明尼苏达多项人格测验（MMPI）众多附加量表中的一个，包括反映一系列与个体不能适应现实的问题和痛苦的内容。该量表共有 34 个条目，采用“是/否”计分。

2. 适用范围

正常成年人，正常少年。

3. 量表项目

指导语：请仔细阅读下面的每一条陈述，判断与你的感受或行为相符合的程度，然后在右边相应的答案上打钩，来表示你经常性的感受或行为。答案无所谓对或错，因此不必对任何一条陈述花太多的时间去考虑，只要答出你平时的实际感受是怎样的就可以了。

1. 我的胃口很好。	是	否
2. 我早上起来的时候，多半觉得睡眠充足，头脑清醒。	是	否
3. 在日常生活中，充满了使我感兴趣的事情。	是	否
4. 我现在工作（学习）的能力，和从前差不多。	是	否
5. 我深信生活对我是不公平的。	是	否
6. 有时我非常想离开家。	是	否
7. 有时我会哭一阵笑一阵，连自己也不能控制。	是	否
8. 恶心和呕吐的毛病使我苦恼。	是	否
9. 似乎没有一个人理解我。	是	否
10. 我发现我很难把注意力集中到一件工作上。	是	否
11. 假如不是有人和我作对，我一定会有更大的成就。	是	否
12. 我曾一连几天、几个星期、几个月什么也不想干，因为我总是提不起精神。	是	否
13. 我睡得不踏实，容易被惊醒。	是	否
14. 我的身体和我的大多数朋友一样健康。	是	否
15. 我希望我能像别人那样快乐。	是	否
16. 我时常感到悲观失望。	是	否
17. 我很少有肌肉抽筋或颤抖的毛病。	是	否
18. 我经常是快乐的。	是	否
19. 我说话总是那样不快也不慢，不含糊也不嘶哑。	是	否
20. 我知道我的烦恼是谁造成的。	是	否
21. 近几年来大部分时间，我的身体都很好。	是	否
22. 现在我的体重既没有增加也没有减轻。	是	否

23. 我觉得我时常无缘无故地受到惩罚。　是　否
24. 我不能像从前那样理解我所读的东西了。　是　否
25. 我的记忆力似乎还不错。　是　否
26. 我怕自己会发疯。　是　否
27. 许多时候，我觉得浑身无力。　是　否
28. 我从未感到走路时不能保持平衡。　是　否
29. 有时我十分烦躁，坐立不安。　是　否
30. 每星期至少有一两次我十分兴奋。　是　否
31. 我觉得我很少耳鸣。　是　否
32. 当一个罪犯可以通过能言善辩的律师开脱罪责时，我对法律感到厌恶。　是　否
33. 有些时候，我会无缘无故地觉得非常愉快。　是　否
34. 即使和人们在一起，我还是经常感到孤单。　是　否

计分方法：第5、6、7、8、9、10、11、12、13、15、16、20、23、24、26、27、29、30、34题回答“是”计分，回答“否”不计分；第1、2、3、4、14、17、18、19、21、22、25、28、31、32、33题回答“否”计分，回答“是”不计分。

4. 结果解释

Gm量表女性比男性分数稍高，年龄影响不明显。Welsh（1952）报道，美国成年男性4.79±3.73，女性5.73±4.20。我国成年男性12.88±4.72，女性13.71±4.88；少年男性13.47±4.29，女性13.36±4.37。男性和女性正常成年人Gm量表间隔4~6周重测相关系数分别为0.79和0.82，平均0.80（$p<0.01$）。

高分主要表现为：性格内向，心理整合性差，依赖，缺乏信心和上进心，普遍性焦虑、抑郁、内疚、痛苦、担心，效率低下。他们多疑敏感，神经质，小题大做，职业适应困难，工作效率低下，很难与人合作，往往把困难和失败归于环境或者条件不好。这些表现不仅仅限于某一方面，而是作为一种人格特征影响到其生活的方方面面，因此被称为普遍性适应不良因素，或自我虚弱因素。

（二）内在性适应不良量表

1. 编制背景

内在性适应不良量表是Simon（1952）根据明尼苏达多项人格测验（MM-

PI）编制出来的，与其他适应不良量表不同，该测验包括的条目很多，本量表计有171个项目，内容涉及各种领域的问题。一个人的适应不良往往跟环境和个人心理素质两方面有关。内在性适应不良量表所测的不是由外界的压力造成的情绪问题，而是与明显的内在的心理整合性不良，甚至与严重的精神病理现象有密切联系。

2. 适用范围

内在性适应不良量表也适用于各类人（一般要求被试要满16周岁，具有小学毕业的文化程度，能看懂测量表的每个题目）。

3. 信度效度检验

成年女性比男性分数稍高，一般多认同4～5个条目。少年男女认同条目数量没有明显差异。量表的重测信度很高。我国男性和女性正常成年人间隔4～6周重测相关系数分别为0.97和0.86，平均0.96。

4. 使用方法和注意事项

采用问卷的方法进行测量，将171个项目印在问卷上，让被试根据自己的实际情况，将所有的项目从“是”“否”中，任选一个回答。

进行测验前，主试必须熟悉测验的全部材料（包括调查表内容、简介、指导语），了解被试的情况（如理解能力、识字能力、身体状况）。测验环境要求明亮、安静、温暖。被试答卷结束，主试应该认真检查在答案纸上是否写明姓名、性别、年龄等一般项目，答卷有无涂改不清晰的地方。审查合格后测验结束。

5. 结果解释

171条项目都是从MMPI项目中筛选出来的，其中158个项目答“是”则计一分，13个答“否”计一分。答“否”计一分的项目有：1、6、15、16、25、40、42、45、53、74、89、119、133。

内在性适应不良问卷

编号________ 姓名________ 性别________ 年龄________

测验日期________

指导语：请根据自己的真实情况做“是/否”回答，若符合你的情况则回答“是”，在题目后面打“√”；不符合则回答“否”，在题目后面打“×”。

1. 我现在工作（学习）的能力，和从前差不多。

2. 我的喉咙里总好像有一块东西堵着似的。
3. 我总是在很紧张的情况下工作。
4. 偶尔我会想说一些不该说的话。
5. 我深信生活对我是残酷的。
6. 我对我的性生活是满意的。
7. 有时我会哭一阵笑一阵，连自己也不能控制。
8. 似乎没有一个人了解我。
9. 我想当一个歌唱家。
10. 有时我觉得有鬼附在身上。
11. 当别人惹了我时，我觉得只要有机会就应报复是理所当然的。
12. 每隔几个晚上我就做噩梦。
13. 我发现我做一些事时很难集中把注意力。
14. 我曾经有过很特别、很奇怪的体验。
15. 我很少担心自己的健康。
16. 我从来没有因为我在性方面的行为出过事。
17. 有很多时候我宁愿坐着空想，而不愿做任何事情。
18. 我曾一连几天、几个星期、几个月什么也不想干，因为总是提不起精神。
19. 我睡得不安，容易被惊醒。
20. 当我与人相处的时候听到别人谈论稀奇古怪的事，我就心烦。
21. 最好是把所有的法律全都不要。
22. 有时我觉得我的灵魂离开了我的身体。
23. 遇到同学或不常见的朋友，除非他们先向我打招呼，不然我就装作没看见。
24. 一位牧师（和尚、道士、神父、阿訇等教士），能用祈祷和把手放在病人的头上来治病。
25. 我和别人一见面就熟了（自来熟）。
26. 我从未有过正常的生活。
27. 我能在我周围看到其他人所看不到的东西，动物和人。
28. 我希望我能像别人那样快乐。
29. 和我性别相同的人对我有强烈的吸引力。
30. 我为每隔几天或经常感到心口（胃）不舒服而烦恼。

31. 男性：我总希望我是女的，女性：我从不因为我是女的而遗憾。
32. 我时常感到悲观失望。
33. 近来，我觉得很容易放弃对某些事物的希望。
34. 我确实缺少自信心。
35. 许多事情，我做过以后就后悔了。
36. 有时我有一种强烈的冲动，去做一些惊人或有害的事。
37. 我认为最难的是控制我自己。
38. 我似乎对什么事情都不在乎。
39. 我总觉得我自己好像做错了什么事或犯了什么罪。
40. 我经常是快乐的。
41. 我相信有人暗算我。
42. 我似乎和我周围的人一样精明能干。
43. 我相信有人在跟踪我。
44. 我自己常弄不清为什么会这样爱生气和发牢骚。
45. 我从来没有放纵自己发生过任何不正常的性行为。
46. 批评和责骂都使我非常伤心。
47. 有时我仿佛觉得我必须伤害自己或别人。
48. 有时我觉得我真是毫无用处。
49. 有时我想借故和别人打架。
50. 我喜欢到处乱逛，如果不行，我就不高兴。
51. 由于我经常不能当机立断，因而失去许多良机。
52. 有人一直想毒死我。
53. 大多数晚上我睡觉时，不受什么思想干扰。
54. 我觉得我有时常无缘无故地受到惩罚。
55. 我容易哭。
56. 我的脑子有点毛病。
57. 在聚会当中，尽管有人出风头，如果让我也这样做，我会感到很不舒服，不开心。
58. 我怕自己会发疯。
59. 我时常听到说话的声音，而不知道它是从哪里来的。
60. 许多时候，我觉得浑身无力。
61. 有人一直想抢我的东西。

62. 有人想窃取我的思想和计划。
63. 我相信我是一个被谴责的人。
64. 有时我控制不住想要偷点东西。
65. 我相信我的罪恶是不可饶恕的。
66. 走路时，我很小心地跨过人行道上的接缝。
67. 我有很多心事。
68. 有时我十分烦躁，坐立不安。
69. 我常梦到一些不可告人的事。
70. 我的做事方法容易被人误解。
71. 我的父母和家里人对我过于挑剔。
72. 我有时无缘无故地，甚至在不顺利的时候也会觉得非常快乐。
73. 谁也不关心谁的遭遇。
74. 凡是我所做的事，我都指望能够成功。
75. 对任何人都不信任，是比较安全的。
76. 每星期至少有一两次我十分兴奋。
77. 有人控制着我的思想。
78. 我时常觉得有些陌生人用挑剔的眼光盯着我。
79. 我确信别人正在议论我。
80. 我独自一个人的时候，感到更快乐。
81. 在我这一生中，至少有一两次我觉得有人用催眠术指使我做了一些事。
82. 有人一直想要影响我的思想。
83. 我喜欢我不再受那种性方面有关的念头所困扰。
84. 许多时候，生活对我来说是一件吃力的事。
85. 对于某些事情我很敏感，以致使我不能提起。
86. 在学校里，要我在班上发言，是非常困难的。
87. 即使和人们在一起，我还是经常感到孤单。
88. 应得的同情，我全得到了。
89. 我的性生活是满意的。
90. 我不喜欢有人在我身旁。
91. 偶尔我会想做一些坏事。
92. 我深信生活对我是残酷的。

93. 我比大多数人更敏感。
94. 我的梦有好些是关于性方面的事。
95. 我很容易感到不知所措。
96. 我从来没有爱上过任何人。
97. 有时我会哭一阵，笑一阵，连自己也不能控制。
98. 我发现我很难把注意力集中做好一件工作。
99. 假如不是别人和我作对，我一定会有更大的成就。
100. 即使我没有感冒，我有时也会发不出声音或声音改变。
101. 似乎没有人能了解我。
102. 有时我会闻到奇怪的气味。
103. 我不能专心于一件事情上。
104. 我很容易对人感到不耐烦。
105. 我几乎整天都在为某件事或某个人而焦虑。
106. 我所操心的事，远远超过了我所应该操心的。
107. 大部分时间，我觉得我还是死了的好。
108. 有时我会兴奋得难以入睡。
109. 有时我的听觉太灵敏了，反而使我感到烦恼。
110. 别人对我所说的话，我立刻就忘记了。
111. 哪怕是琐碎小事，我也再三考虑才去做。
112. 有时为了避免和某些人相遇，我会绕道而行。
113. 我常常觉得好像一切都不是真的。
114. 我有一个习惯，喜欢点数一些不重要的东西，像路上的电线杆等。
115. 我有一些奇怪和特别的念头。
116. 在我独处的时候，我听到奇怪的声音。
117. 当我必须短期离家出门的时候，我会感到心神不安。
118. 我怕一些东西或人，虽然我明知他们是不会伤害我的。
119. 如果屋子里已经有人聚在一起谈话，这时要我一个人进去，我是一点也不怕的。
120. 我害怕使用刀子或任何尖利的东西。
121. 有时我喜欢折磨我所爱的人。
122. 我似乎比别人更难于集中注意力。
123. 有好几次我放弃正在做的事，因为我感觉自己的能力太差了。

124. 我脑子里常常出现一些坏的可怕的字眼，却又无法摆脱它们。
125. 有时一些无关紧要的念头缠着我，使我好多天都感到不安。
126. 几乎每天都有使我害怕的事发生。
127. 我总是将事情看得严重些。
128. 有时我喜欢受到我心爱的人的折磨。
129. 我觉得有人用侮辱性和下流的话议论我。
130. 我待在屋里总感到不安。
131. 即使和人们在一起，我仍经常感到孤单。
132. 我并不是特别害羞和拘谨。
133. 有时我常感到困难重重，无法克服。
134. 我常想："我要能再成为一个孩子就好了。"
135. 如果给我机会，我一定能做些对世界大有益处的事。
136. 我常发现别人妒忌我的好主意，因为他们没能先想到。
137. 只要有可能，我就避开人群。
138. 我有时回避见人，因为我怕我会做出或讲出一些事后令我懊悔的事。
139. 我不轻易流露自己的感情，以至于人家得罪了我，他自己还不知道。
140. 有时我因为承担的事情太多，以致精疲力竭。
141. 我有罪，应受重罚。
142. 我把失望的事看得太重，以至于总忘不了。
143. 有时我觉得自己一无是处。
144. 我曾经有过很不寻常的宗教体验。
145. 我相当担心那些可能发生的不幸。
146. 当我兴高采烈的时候，见到别人忧郁消沉就使我大为扫兴。
147. 有些时期我因忧虑而失眠。
148. 假若别人认为我对某些事的做法不妥当的话，我很容易放弃。
149. 在街上、车上，或在商店里，如果有人注视我，我会觉得不安。
150. 独自住在深山或老林的小木屋里，我也会觉得快乐。
151. 许多人都说我是急性子。
152. 我觉得不能把自己的一切都告诉别人。
153. 我时常默记一些无关重要的号码（如汽车牌照等）。
154. 有关性方面的事使我厌恶。
155. 我是神派来的特使。

156. 我害怕一个人单独待在黑暗中。
157. 我的计划看来总是困难重重，使我不得不一一放弃。
158. 当我试图使别人不犯错误而做的事让别人误解的时候，我往往感到十分难过。
159. 我怕自己被关在小房间里或紧闭的小地方。
160. 我必须承认我有时会不合理地担心一些无关紧要的事情。
161. 我认为“不肯拉车的马应该受到鞭打”。
162. 我是个神经高度紧张的人。
163. 因为我太拘谨，所以有时我难以坚持自己的正确意见。
164. 我无论什么事情都做不好。
165. 我的前途似乎没有希望。
166. 我常常担心自己会脸红。
167. 每星期我总有几次觉得好像有可怕的事情要发生。
168. 我大部分时间都感到疲倦。
169. 许多时候，即使一切顺利，我对任何事情都觉得无所谓。
170. 有时我觉得我就要垮了。

这个量表分数升高往往提示存在严重的心理问题，如果它和量表 Si、SOC、PSY 以及 Pq 同时升高，即形成特殊的协同关系。它不仅仅对评定人格内外向情绪的稳定性有决定性意义，而且对于临床上考虑特殊诊断也有重要的意义。

第三节　矫治方案

一、个体心理辅导方案

1. 长期咨询目标

（1）缓解抑郁心境，避免极端事件发生。

（2）建立对自我、社会和未来的积极信心。

（3）适应监狱环境，积极参加改造劳动。

2. 短期咨询目标

目标 A：评估不良情绪的性质和程度，分析病因。

（1）通过摄入性谈话和问卷等工具进行心理评估，对服刑人员的情况和个人成长史、家庭情况等进行全面了解，对其非理性认知、性格、情绪和行为等进行评估。

（2）给予“精神支持性心理干预”，鼓励服刑人员详细讲述自己痛苦的感受，正确宣泄压抑的情绪，同时，咨询师应给予温暖关怀和积极关注。

（3）必要时转介精神科医生进行治疗。

（4）鼓励服刑人员讲述过去的创伤等生活经历，共同探讨这些经历与其现在的联系，识别其非理性的认知。

目标 B：实施交互作用心理治疗方案，纠正服刑人员的情感体验。

（1）交互作用心理治疗，是通过分析和纠正患者与他人之间交互作用的方式来达到治疗目的的一种心理治疗。与监狱关系不良的抑郁症服刑人员有可能对咨询师产生强烈的移情，但又对治疗产生强烈的抵触。因此，面对这样的服刑人员，咨询师需要保持必要的职业距离和耐心、真诚的态度。

（2）帮助服刑人员增强自尊和自信，提高自我治疗的效能感。

目标 C：对服刑人员进行直接的必要的行为指导。

（1）鼓励服刑人员面对现实，而不是用后悔、自责、内疚来逃避现实。比如可以当面质询他：“你整天沉溺在自责过去中，而不勇敢面对现实，这说明什么?”

（2）告诫服刑人员积极生活可以减轻抑郁，但被动、等待和后悔只会加重抑郁，自己要对自己的行为负责。

（3）告诫服刑人员要让每个人都接受自己是不可能的，但是自己爱自己，让自己快乐起来是可以做到的。

（4）告诫服刑人员封闭自我只会加重抑郁，而积极面对生活可以减轻痛苦。

目标 D：实施人际关系心理治疗，提高人际交往能力。

（1）帮助服刑人员认识尊重和互利等人际交往的基本原则，重新调整服刑人员对他人角色的期待值。

（2）帮助服刑人员认识社会角色及其角色变化的知识，提高对自己和对他人角色变化的认知和适应性，懂得进入监狱后角色调整的必要性。

（3）帮助服刑人员提高欣赏他人和理解人们的交往能力。

二、团体心理辅导方案

（一）音乐团体心理辅导

音乐团体心理辅导

活动次数	活动内容安排	活动目的
预备课	1. 向团员作自我介绍，简单说明系列活动的内容安排及团体规则 2. 将音乐治疗和团体音乐治疗的基本原理以及音乐对人的影响作为音乐小知识进行讲解 3. 提出两个问题，让团员带着问题参与到后面的音乐活动中 4. 团员之间的相互认识和音乐律动活动	了解团体规则、音乐治疗活动的原理，带着问题和对团体的期望参与音乐团体活动，通过团员相互间自我介绍，减少陌生感
第一次	1. 带有节奏感的自我介绍 2. 一个八拍的身体律动 3. 扑克牌节奏训练 4. 音乐放松结束 5. 团体总结分享讨论	拉近团员之间的距离，增强熟悉感；促进团员身体和心理的放松，消除顾虑、拘束和恐惧，建立安全感；通过分享讨论，建立团体共识
第二次	1. 两个八拍的身体律动 2. 团体互动律动 3. 扑克牌团体互动 4. 音乐放松结束 5. 团体总结分享讨论	进一步提高团员之间的熟悉度，以催化性的活动整合团员参与活动的动机；通过分享讨论，建立团体共识
第三次	1. 器乐呼应 2. 打击乐团体即兴表演 3. 音乐放松结束 4. 团体总结分享讨论	进一步建立团体，增强彼此的信任感，促进团员自我肯定，体验被尊敬的感觉，试着相互沟通，相互接纳，容纳他人对自己的评价，感受团队合作的重要性
第四次	1. 游戏松鼠与大树 2. 打击乐即兴表演：认识你自己 3. 音乐放松结束 4. 团体总结分享讨论	宣泄情感、认识自己，重新审视自己，学习情绪的表达和管理，学会自我肯定和容纳他人，增强彼此间的信任，加强团员间直接相互的沟通、接纳

（续上表）

活动次数	活动内容安排	活动目的
第五次	1. 渐进式肌肉放松《听海篇》 2. 音乐手语操学习《不要认为自己没有用》 3. 团体总结分享讨论	放松身心，释放情绪情感，重新认识自我。手语操与唱歌相结合，自我激励，学会面对困难、面对现实，适应新环境下的学习生活，增强自信心，勇敢面对人生
第六次	1. 游戏水果蹲 2. 心灵探索 3. 音乐手语操学习《不要认为自己没有用》 4. 团体总结分享讨论	改善不良的人际交往模式，建立起彼此间的友谊与信赖；心灵探索，促使团员对自己进行更深层次和更全面的认识，增强自觉能力、自我管理能力，调节情绪情感，挖掘一些深层次的自我认识，团员之间分享感受
第七次	1. 器乐即兴表演 2. 引导性音乐想象 3. 音乐手语操学习《不要认为自己没有用》 4. 团体总结分享讨论	用器乐投射情感，宣泄情绪，团员之间相互感受，情绪情感得到交流、共鸣；利用音乐加导语的形式引导团员进行心灵的探索，对内心的一次反省，认识自己，表达自己，促进潜意识活动的释放，提高自我认知，促进心灵的成长；增强自信，自我暗示，提高适应能力，改变处世态度
第八次	1. 主动式音乐聆听 2. 规划人生 3. 音乐手语操复习 4. 团体总结分享讨论	增强自信心，增强面对困难的勇气，反省自己，重新认识自己，规划人生，坚定信念，巩固干预成果
结束课	1. 配乐诗歌朗诵 2. 音乐手语操汇报演出 3. 团体告别结束	激励面对现实的勇气，以积极的心态面对今后的人生；团员之间互相赠送祝福，表达对彼此的信任和鼓励，引导其转向对未来的积极期望，团体活动在良好的氛围中结束

（二）心理沙龙

主题：说出你的烦恼。

沙龙对象：新入监且存在适应障碍的服刑人员。

沙龙目标：

（1）给服刑人员提供一个相互交流的机会，拉近彼此之间的距离，使新入监的服刑人员不再因感觉孤独而难以适应监狱生活。

（2）引导大家将自己存在的各种烦恼都说出来，宣泄本身就是一种很好的心理调适方法。

（3）鼓励大家积极交流，给出可行性的建议供大家分享。

沙龙活动方案：

步骤一：破冰热身活动。

你我有缘

<table>
<tr><td>项目名称</td><td>你我有缘</td><td>项目类型</td><td>破冰</td></tr>
<tr><td>人员要求</td><td>10～15 人</td><td>时间预计</td><td>20 分钟</td></tr>
<tr><td>场地要求</td><td>空地</td><td>项目道具</td><td>轻音乐</td></tr>
<tr><td>项目简介</td><td colspan="3">初次聚集在一起，需要有一个相互认识的过程</td></tr>
<tr><td>项目目标</td><td colspan="3">促进参与者熟悉、构建和谐的团体氛围</td></tr>
<tr><td>项目规则</td><td colspan="3">一、轻柔体操
方法：
1. 参与者排成一列，后面的参与者将手搭在前一名参与者的肩上，首尾相连组成一个圆圈
2. 伴随舒缓的音乐，后面的参与者要为前面的参与者揉按太阳穴、搓搓耳朵、轻轻揉肩、捶背、捏捏腰等
3. 参与者向后转，重新进行上述环节
4. 活动结束后，相邻的参与者之间要打招呼、问好，相互表示感谢
二、连环自我介绍
方法：
1. 要求每组从一名参与者开始逐一用一句话进行自我介绍。这句话中要求包括姓名、家乡以及自己与众不同的特征
2. 第二位参与者要先介绍第一位参与者后，再介绍自己，以此类推</td></tr>
<tr><td>项目变通</td><td colspan="3">第一个小活动也能找一个简单的能让大家跟着动起来的音乐，如《幸福拍拍手》《兔子舞》等</td></tr>
</table>

（续上表）

总结引导	其实在平时，人与人之间的沟通很重要，不管你通过怎样的方式，只要你愿意去主动了解别人，你就会收获你想要的友谊
注意事项	干警要留心观察，是否有人在自我介绍这个环节不太愿意参与，对这样的参与者要在活动中全程给予关注

步骤二：主题话题讨论。

话题1：自入监以来，你的心情是怎样的？有怎样的变化？

话题2：最让你烦恼的事情是哪几件？

话题3：面对让自己烦恼的人或事，你是如何应对的？

注意事项：

（1）每个话题都允许大家自由发言，干警要注意观察现场所有参与者的表现，对于那些始终不发言的参与者，可以给予适当的引导。

（2）每个话题的讨论时间都应控制在8～10分钟。

（3）在参与者发言结束后，其他参与者可以给出自己认为有效的建议，同时也可以针对自己有疑惑或好奇的地方进行提问，被提问者回答与否的选择权在自己。

（4）干警要尽量引导大家积极发言，自由讨论，营造一种轻松愉快的氛围。

步骤三：干警针对此次的话题讨论作总结。

步骤四：结束活动。给每位参与者发一张纸和一支笔，写出自己参加这次沙龙的感受、想法。

第二章

被监管适应障碍

【案例】

陈某，男，汉族，广东省遂溪县人，现年17岁，未婚，小学一年级文化程度。因抢劫罪被判处有期徒刑两年。入监一个月以来对监狱生活不适应，与其他服刑人员的交流极少，不愿接受监督，对他人的监督存在逆反心理，同时有焦虑、抑郁、恐惧、悲观、自责等不良情绪，曾有过自杀的念头。

家里有父母和一个弟弟，家庭情况较差。8岁开始读小学，学习成绩差。无心读书，只读了一年级就辍学在家。辍学后无所事事，父母疏于管教，性格略显孤僻，没有太多朋友，整天在村子里东游西逛打发时间。由于陈某母亲精神状态不正常，同村很多人说他母亲有“精神病”。受此影响，陈某在村里也被人瞧不起，有时会被他人当作取笑、捉弄的对象。2006年，结识了同村无业青年王某，有时会给他一些小恩小惠，陈某视其为知己。同年6月的一天，王某提出去抢摩托车，由于“拿人手短、吃人嘴软”，再加上他多年来才遇到王某这一个知己，物质的诱惑和法治观念的淡薄，他欣然同意。两人在遂溪县北坡镇实施抢劫，当天就被抓获，以抢劫罪被判处有期徒刑两年。

在看守所关押了6个多月，曾被“牢头”（在看守所里被拘押人群中称王称霸者）殴打过，慑于“牢头”的威胁，不敢报警，此后就一直低声下气地生活在那里，受尽了“牢头”的欺压，改造表现也比较差，他说：“好不容易熬到了送来监狱这一天，谁知道这里也是那么难过。”

“刚来那天，警察就安排说要背38条的行为规范，白天不是操练就是上课，组长还每时每刻都盯住我，我不怎么会说普通话，也不会说广州话，听不懂别人说的话。来了这么久很少和其他服刑人员说话，只是警察和我谈过两次话，要我尽快适应环境，早点背熟规范。我都快烦死了，压抑又郁闷，这简直不是人待的地方！在操场进行训练时，他们又说我动作慢，还说我不会穿衣服。快过年了，连家里亲人都见不到。2月15日那天，我趁其他人不留意，就躲藏在床底下，想等别人都出去操练后我就想个办法自杀，谁知道还是被他们发现了。警察批评我，我自己觉得无所谓，你爱怎么说就怎么说，再待在这里我也不想活了。”

第一节　症状表现

传统意义上的监狱行刑宗旨是使服刑人员与社会相隔离，以消极的方式使服刑人员无法再危害社会。“监狱的首要原则是隔离。使罪犯与外部世界、与促成犯罪的一切事物、促成犯罪的集团隔离开，使犯人彼此隔离开。”在米歇尔·福柯（1926－1984，法国哲学家、社会思想家）的眼里，监狱作为一种“彻底的规训机构”，它最大限度地强化了在其他规训机制中也能看到的各种做法，它针对服刑人员的所有方面——身体训练、劳动能力、日常行为、道德态度、精神状况——强制实施一种全面的教育。

随着国家的不断发展，监狱里的生活水平也有所提高，但与监狱外的生活相比，还是有其特殊性。其特点表现在以下三个方面：①与世隔绝。在监狱里的最大不便之一，就是和外界的隔离。除了每天固定的电视时间（多数是新闻联播）和规定时间的探监之外，很难取得外界的各种即时的信息，长此以往，必然会造成与社会脱节。②规律的生活。监狱的生活是十分规律的，甚至可以说是刻板的，日复一日，几乎很少有改变。③服从管制。监狱的作用就在于改造，让服刑人员进行再社会化，因此在监狱中对服刑人员的最高要求之一就是要服从命令。

一、丧失自由带来的精神痛苦

监狱的封闭使得监狱几乎与世隔绝，自成一个小社会。因为“监禁就意味着囚犯与外界的相互影响和交流被大大地削减。限制与外界社会交往和离开通常以紧锁的大门、高墙、刺线、绝壁、水面或荒野等构成的物质设施，代表着监禁的全部特征”。监狱对服刑人员的作息时间、就餐的时间和次数、分配的食品质量和份额、劳动的性质和产品、语言的使用都有着严格的要求。美国著名犯罪学家格雷沙姆·赛克斯在《囚犯社会：对一所最高警戒度监狱的研究》一书中，论述了“监禁痛苦”，他认为，监禁给被监禁的罪犯造成五大痛苦：自由的剥夺、异性关系的剥夺、自主性的剥夺、物质享受服务的剥夺、安全感的丧失。

二、与世隔绝造成情感的淡漠

服刑人员被监禁，与外界的接触主要通过电话、写信或直接会见的方式实现。现行法律对服刑人员与外界接触联络规定了通信制度和会见制度。服刑人员在服刑期间可以与他人通信，但所有来往信件必须经过检查。监狱如果发现有碍改造内容的信件，应当予以扣留。经监狱长批准，服刑人员可以与亲属或监护人通电话，但当监狱发现通话内容有碍改造时，应当及时制止。服刑人员在服刑期间，按照规定，可以会见亲属、监护人，会见时收受的物品，也必须接受检查。

三、去个性化的管理降低了自尊水平

《中华人民共和国刑法》《中华人民共和国监狱法》都明确规定，被判处有期徒刑、无期徒刑的服刑人员，在监狱或其他执行场所执行，凡有劳动能力的都必须参加劳动，接受教育与改造。所有的服刑人员收监时，统一发型——光头，统一着装——囚服。囚服上印有每个人的编号、姓名、队别，便于管理。长期统一的、严肃的着装，容易使服刑人员产生压抑、自卑的心理。

四、被严格监管诱发的类似精神症状

疑似幻觉的症状多在入睡前发生，且有明显的心理因素影响；而一些多疑、敏感，感到被人议论、被人针对也大多与他们对监管环境的不适应、人际关系不良有关，对象集中不泛化，且都有强烈的情绪因素的影响；而一些疑似强迫观念、强迫行为的症状，也大多集中在改造工作或是日常生活中对自己言行举止的反复检查和担忧上，主要是担心不符合监管要求，担心被惩罚，担心被扣分等，情感反应和行为表现明显与被拘禁有关。

第二节　诊断评估

一、简易应对方式问卷

（一）简介

简易应对方式问卷是国内研究者在 Folkman 和 Lararus 编制的应对方式问卷（Ways of Coping Questionnaire，WCQ）的基础上，结合文化背景差异和实际应用需要编制的问卷，该问卷由积极应对和消极应对两个分量表组成。量表的重测相关系数为0.89，a 系数为0.90；积极应对分量表的 a 系数为0.89；消极应对分量表的 a 系数为0.78。有研究应用此量表测查了城市不同年龄、性别、文化和职业的人群 846 人，因素分析结果表明，应对方式项目确实可

以分出“积极应对”和“消极应对”两个因子，与理论构想一致。

（二）问卷内容

说明：以下列出的是当你在生活中遇到挫折打击时可能采取的态度和方法。请你仔细阅读每一项，然后在右边选择答案，“不采取”为0，“偶尔采取”为1，“有时采取”为2，“经常采取”为3，请在最适合你本人情况的数字上打钩。

遇到挫折打击时可能采取的态度和方法	不采取	偶尔采取	有时采取	经常采取
1. 通过工作、学习或一些其他活动解脱	0	1	2	3
2. 与人交谈，倾诉内心烦恼	0	1	2	3
3. 尽量看到事物好的一面	0	1	2	3
4. 改变自己的想法，重新发现生活中什么是重要的	0	1	2	3
5. 不把问题看得太严重	0	1	2	3
6. 坚持自己的立场，为自己想得到的斗争	0	1	2	3
7. 找出几种不同的解决问题的方法	0	1	2	3
8. 向亲戚朋友或同学寻求建议	0	1	2	3
9. 改变原来的一些做法或自己的一些问题	0	1	2	3
10. 借鉴他人处理类似困难情景的方法	0	1	2	3
11. 寻求业余爱好，积极参加文体活动	0	1	2	3
12. 尽量克制自己的失望、悔恨、悲伤和愤怒	0	1	2	3
13. 试图休息或休假，暂时把问题（烦恼）抛开	0	1	2	3
14. 通过吸烟、喝酒、服药和吃东西来解除烦恼	0	1	2	3
15. 认为时间会改变现状，唯一要做的便是等待	0	1	2	3
16. 试图忘记整个事情	0	1	2	3
17. 依靠别人解决问题	0	1	2	3
18. 接受现实，因为没有其他办法	0	1	2	3
19. 幻想可能会发生某种奇迹改变现状	0	1	2	3
20. 自己安慰自己	0	1	2	3

（三）简易应对量表的使用方法

问卷为自评量表，采用多级评分，在每一应对方式项目后，列有不采取、偶尔采取、有时采取和经常采取四种选择（相应的评分为0、1、2、3），由被试根据自己的情况选择一种作答。积极应对维度由条目1～12组成，重点反映了积极应对的特点，如“尽量看到事物好的一面”和“找出几种不同的解决问题的方法”等；消极应对维度由条目13～20组成，重点反映了消极应对的特点，如“通过吸烟、喝酒、服药和吃东西来解除烦恼”和“幻想可能会发生某种奇迹改变现状”。结果为积极应对维度平均分和消极应对维度平均分。临床应用时还应进一步分析各条回答评分情况。

应对倾向 = 积极应对标准分（Z 分） − 消极应对标准分(Z 分)

（四）常模

我们应用此量表测查了城市不同年龄、性别、文化和职业的人群 846 人，其中男性 514 人，女性 332 人，年龄范围从 20 岁至 65 岁，平均年龄 38 岁。职业以工人（87 人）、干部和技术员（374 人）及大学生（327 人）为主，其他（60 人）。文化程度从小学到大学，其中小学 44 人，初中 112 人，高中和中专 292 人，大学 398 人。样本的积极应对维度平均分为 1. 78，标准差为 0. 52；消极应对维度平均分为 1. 59，标准差为 0. 66。分析表明，不同年龄、性别、文化和职业的人群的应对方式特点有显著差异，不同人群的应对方式特点需要进一步研究。

必须指出，所谓积极和消极是相对的。并不是积极的应对方式就一定有积极的后果，或者消极的应对方式必然产生消极的后果，如“接受现实”和“自己安慰自己”被归为消极应对，但其有着缓解挫折打击的作用。不同应对方式，在不同时间和情景，在不同的人身上，会有不同的结果，这是需要进一步研究的问题。

二、服刑人员生命态度量表

（一）简介

服刑人员生命态度量表由曲阜师范大学邹明明编制，通过参考相关文献，对服刑人员生命态度进行理论建构，进而编制量表试题，为服刑人员生命教育的实施与效果反馈提供一个有力的量化工具，并作为改进与完善生命教育的参考依据。

编制过程中我们参考了服刑人员、监狱干警及相关专家的意见，筛选试题，形成初始问卷，通过遗漏值、标准差、极端组 T 检验、相关分析、因素负荷值五个标准进行项目分析，最终形成包含理想、生命自主、存在感、爱与关怀、死亡态度及生命经验六个维度共 43 个题目的正式量表。然后运用多种信度、效度检验方法对量表进行信效度检验。对正式量表进行信效度分析，结果显示，量表的分半信度为 0.855，总量表的内部一致性系数为 0.905，各维度的内部一致性系数在 0.631 到 0.852 之间。题项与总量表相关为 0.259 ~ 0.630（$p<0.01$），与所属维度间的相关为 0.292 ~ 0.695（$p<0.01$），表明本量表具有较好的内容效度。各维度间的相关为 0.314 ~ 0.646，各维度与总量表的相关为 0.616 ~ 0.868，对量表进行验证性因素分析，2x/df 的值为 4.29，RMSEA 值为 0.057，GFI、AGFI、CFI、NFI、NNFI 等拟合指数均在 0.85 之上，表明模型和观测数据拟合较好，说明本量表具有较好的建构效度。另外，运用本量表对暴力型服刑人员与经济型服刑人员进行施测，结果具有显著性差异，表明量表具有较好的实证效度。综上所述，本量表具有较好的信、效度，能够用于服刑人员生命态度的相关研究。

（二）量表内容

指导语：下面这些语句，请根据您的真实感受作答。问卷是匿名的，不针对任何人，问题的答案也无所谓对错。请尽快回答，不要在每个题目上思索太久，同时不应考虑应该怎样，只回答现在、现实的状况是怎样的。注意：题目后面从 1 到 5 的数字，分别代表您的同意程度：1—非常不同意、2—不同意、3—难以确定、4—同意、5—非常同意。请逐一浏览题项，根据您的实际想法，在适当的数字上打钩。

1. 我相信在这个世界上，有一个等待我去实现的理想。 1 2 3 4 5
2. 即使没有人赞成我，我仍坚持做我真正想做的事。 1 2 3 4 5
3. 我希望在生命的旅程中可以经历一些挫折与考验。 1 2 3 4 5
4. 我不知道在生命中，我真正想要的是什么。 1 2 3 4 5
5. 当我试着去了解我存在的意义时，我会变得困惑并且沮丧。 1 2 3 4 5
6. 因为会死亡，所以我珍惜现在的每一天。 1 2 3 4 5
7. 我认为生命应该经历风雨，现在的处境是对我的一种磨砺。 1 2 3 4 5
8. 说真的，我没有什么真正想要做的事。 1 2 3 4 5
9. 我常觉得我无法主导自己生命的方向。 1 2 3 4 5
10. 我认为，我需要对自己的现状负直接的责任。 1 2 3 4 5
11. 我常觉得能活着就是一件值得快乐的事情。 1 2 3 4 5

12. 我认为在逆境中，人往往只能接受命运的摆布。 1 2 3 4 5
13. 我有一个十分清楚的理想，而且愿意用一生去实现它。
1 2 3 4 5
14. 我常常为出狱后的生活感到担忧和焦虑。 1 2 3 4 5
15. 我认为没有人会在乎我的存在。 1 2 3 4 5
16. 我虽然无法决定死亡，但我可以决定如何度过每一天。
1 2 3 4 5
17. 我觉得我的前途非常渺茫。 1 2 3 4 5
18. 对我而言，理想是一件遥不可及的事。 1 2 3 4 5
19. 我关心其他人的处境，即便我和他并不认识。 1 2 3 4 5
20. 我知道我为谁而活、为何而活。 1 2 3 4 5
21. 我总是希望自己有能力为他人带来快乐。 1 2 3 4 5
22. 现在我依然能感受到家人和朋友给我的关心。 1 2 3 4 5
23. 我把遭遇困境当成是生命的挑战与成长的机会。 1 2 3 4 5
24. 每当我思索自己生命的理想是什么时，我总是觉得茫然。
1 2 3 4 5
25. 无论我怎么做，我都没有办法掌握自己的人生。 1 2 3 4 5
26. 我热爱我的生命。 1 2 3 4 5
27. 我认为命运对我是不公平的。 1 2 3 4 5
28. 我很关心我家人现在的状况如何。 1 2 3 4 5
29. 我能够接受现在的处境。 1 2 3 4 5
30. 我认为，我的态度可以改变我的命运。 1 2 3 4 5
31. 服刑期间遇到不顺心的事情，我会努力调整自己的心态。
1 2 3 4 5
32. 在挫折里，我获得很多宝贵的人生经验。 1 2 3 4 5
33. 我知道我是独一无二的，我的存在对某些人是意义重大的。
1 2 3 4 5
34. 我愿意花时间陪伴需要安慰的人。 1 2 3 4 5
35. 投入与实践生命的理想，使我的生活有了意义与方向。
1 2 3 4 5
36. 对于需要帮助的人，我能够无私地付出自己的关怀与爱。
1 2 3 4 5

37. 监狱的环境实在是乏味单调，令人难以忍受。　1　2　3　4　5
38. 我相信拥有美好人生的关键，在于自己的努力。　1　2　3　4　5
39. 面对重大抉择时，我总是无法自己做决定。　1　2　3　4　5
40. 我觉得自己的存在对别人没有什么意义。　1　2　3　4　5
41. 我通常会从付出中获得自我的肯定与喜悦。　1　2　3　4　5
42. 我相信广阔的人生体验，会使我的生命更丰富。　1　2　3　4　5
43. 纵使到了人生的晚年，我依旧会积极、快乐地生活。　1　2　3　4　5

（三）计分标准

正向计分：10、30、36、1、19、2、15、38、16、27、43、11、17、23、4、12、31、37、42、21、26、41

负向计分：28、5、13、25、32、7、14、33、9、22、35、20、24、18、8、39、40

爱与关怀：10、28、30、36、34

理想：1、5、13、19、25、32

自主：2、7、14、15、33、38、29

存在感：9、16、22、27、35、43

死亡态度：6、11、17、23

生命经验：3、4、12、18、20、24、31、37、42

三、自杀意念量表

（一）简介

自杀意念量表由心理学家 Beck 编制。

自杀意念量表（SSI）是 Beck 根据临床经验和理论研究于 1979 年编制的用来量化和评估自杀意念的问卷，共 38 个条目，条目为 3 分制和 4 分制。该表用于评估最近一周和抑郁最严重时自杀意念和单独的自杀危险的严重程度（0～100 分）。贝克自杀意念量表最初由北京回龙观医院北京心理危机研究与干预中心进行翻译和修订。之后由大连医科大学学术委员会和美国纽约州立大学布法罗学院张杰教授对该问卷在中国农村中学生中进行了信效度评估。量表答案的选项为 3 个，从左至右对应得分为 1、2、3，得分越高，求死的愿望越强烈。

（二）计分方法及信效度

所有被试首先完成前 5 个项目，如果第 4 和第 5 项的选择答案都是“没有”，请跳至第14项，开始完成后面的项目那么则视为没有自杀意念，完成此问卷；如果第4或者第5项任意1个选择答案是“弱”或者“中等到强烈”，那么就认定为有自杀意念，需要继续完成后面的14个项目。对后14个项目修订时，为了方便评估，对个别项目（如6、7、11、13和19）的答案增加1个“近1周无自杀想法”的选项，其对应得分为“0”。

自杀意念的强度是根据量表1～5项的均值所得，得分在0～100之间变化。分数越高，自杀意念的强度越大。自杀危险是依据量表的6～19项来评估有自杀意念的被试真正实施自杀的可能性的大小。总分的计算公式是

$$[\text{（条目 }6\sim19\text{ 的得分之和}-9）/33]\times100$$

得分在0～100之间变化。分数越高，自杀的危险性越大。

最近一周的自杀意念严重程度 $\alpha=0.63$（$n=1\ 801$），ICC $=0.46$（$n=1\ 070$）；抑郁最严重时的自杀意念严重程度 $\alpha=0.86$（$n=1\ 801$），ICC $=0.72$（$n=1\ 070$）；最近一周的自杀危险程度 $\alpha=0.80$（$n=221$），ICC $=0.60$（$n=1\ 070$）；抑郁最严重时的自杀危险程度 $\alpha=0.88$（$n=221$），ICC $=0.75$（$n=1\ 070$）。

（三）量表内容

指导语：下述项目是一些有关您对生命和死亡想法的问题。每个问题既问最近一周您是如何感觉的，又问既往您最消沉、最忧郁或自杀倾向最严重的时候是如何感觉的。每个问题的答案各有不同，请您注意看清提问和备选答案，然后根据您的情况选择最适合的答案。

1. 您希望活下去的程度如何？

最近一周

（1）中等到强烈　（2）弱　（3）没有活着的欲望

最消沉、最忧郁的时候

（1）中等到强烈　（2）弱　（3）没有活着的欲望

2. 您希望死去的程度如何？

最近一周

（1）没有死去的欲望　（2）弱　（3）中等到强烈

最消沉、最忧郁的时候

（1）没有死去的欲望　（2）弱　（3）中等到强烈

3. 您要活下去的理由胜过您要死去的理由吗？

最近一周

（1）要活下去胜过要死去　（2）二者相当　（3）要死去胜过要活下去

最消沉、最忧郁的时候

（1）要活下去胜过要死去　（2）二者相当　（3）要死去胜过要活下去

4. 您主动尝试自杀的愿望程度如何？

最近一周

（1）没有　（2）弱　（3）中等到强烈

最消沉、最忧郁的时候

（1）没有　（2）弱　（3）中等到强烈

5. 您希望外力结束自己生命，即有“被动自杀愿望”的程度如何？（如希望一直睡下去不再醒来、意外地死去等）

最近一周

（1）没有　（2）弱　（3）中等到强烈

最消沉、最忧郁的时候

（1）没有　（2）弱　（3）中等到强烈

如果上面第4或者第5项的答案为“弱”或者“中等到强烈”，不论针对的是“最近一周”还是“最消沉、最忧郁的时候”，继续问接下来的问题；否则，请跳至第14项。

6. 您的这种自杀想法持续存在多长时间？

最近一周

（1）短暂、一闪即逝　（2）较长时间　（3）持续或几乎是持续的

（4）近一周无自杀想法

最消沉、最忧郁的时候

（1）短暂、一闪即逝　（2）较长时间　（3）持续或几乎是持续的

7. 您自杀想法出现的频度如何？

最近一周

（1）极少、偶尔　（2）有时　（3）经常或持续

（4）近一周无自杀想法

最消沉、最忧郁的时候

（1）极少、偶尔　（2）有时　（3）经常或持续

8. 您对自杀持什么态度？

最近一周

（1）排斥　（2）矛盾或无所谓　（3）接受

最消沉、最忧郁的时候

（1）排斥　（2）矛盾或无所谓　（3）接受

9. 您觉得自己控制自杀想法、不把它变成行动的能力如何？

最近一周

（1）能控制　（2）不知能否控制　（3）不能控制

最消沉、最忧郁的时候

（1）能控制　（2）不知能否控制　（3）不能控制

10. 如果出现自杀想法，某些顾虑（如顾及家人、死亡不可逆转等）在多大程度上能阻止您自杀？

最近一周

（1）能阻止自杀　（2）能减少自杀的危险　（3）无顾虑或无影响

最消沉、最忧郁的时候

（1）能阻止自杀　（2）能减少自杀的危险　（3）无顾虑或无影响

11. 当您想自杀时，主要是为了什么？

最近一周

（1）控制形势、寻求关注、报复　（2）逃避、减轻痛苦、解决问题

（3）前两种情况均有　（4）近一周无自杀想法

最消沉、最忧郁的时候

（1）控制形势、寻求关注、报复　（2）逃避、减轻痛苦、解决问题

（3）前两种情况均有

12. 您想过结束自己生命的方法吗？

最近一周

（1）没想过　（2）想过，但没制订出具体细节

（3）制订出具体细节或计划得很周详

最消沉、最忧郁的时候

（1）没想过　（2）想过，但没制订出具体细节

（3）制订出具体细节或计划得很周详

13. 您的自杀想法落实的条件或机会如何？

最近一周

（1）没有现成的方法、没有机会　（2）需要时间或精力准备自杀工具

（3）有现成的方法和机会或预计将来有方法和机会

（4）近一周无自杀想法

最消沉、最忧郁的时候

（1）没有现成的方法、没有机会　（2）需要时间或精力准备自杀工具

（3）有现成的方法和机会或预计将来有方法和机会

14. 您相信自己有能力并且有勇气去自杀吗？

最近一周

（1）没有勇气、太软弱、害怕、没有能力

（2）不确信自己有能力、有勇气

（3）确信自己有能力、有勇气

最消沉、最忧郁的时候

（1）没有勇气、太软弱、害怕、没有能力

（2）不确信自己有能力、有勇气

（3）确信自己有能力、有勇气

15. 您预计某一时间您确实会尝试自杀吗？

最近一周

（1）不会　（2）不确定　（3）会

最消沉、最忧郁的时候

（1）不会　（2）不确定　（3）会

16. 为了自杀，您的准备行动完成的怎样？

最近一周

（1）没有准备　（2）部分完成（如开始收集药片）

（3）全部完成（如有药片、刀片、有子弹的枪）

最消沉、最忧郁的时候

（1）没有准备　（2）部分完成（如开始收集药片）

（3）全部完成（如有药片、刀片、有子弹的枪）

17. 您已经着手写自杀遗言了吗？

最近一周

(1) 没有考虑 (2) 仅仅考虑、开始但未写完 (3) 写完

最消沉、最忧郁的时候

(1) 没有考虑 (2) 仅仅考虑、开始但未写完 (3) 写完

18. 您是否因为预计要结束自己的生命而抓紧处理一些事情? 如买保险或准备遗嘱。

最近一周

(1) 没有 (2) 考虑过或做了一些安排

(3) 有肯定的计划或安排完毕

最消沉、最忧郁的时候

(1) 没有 (2) 考虑过或做了一些安排

(3) 有肯定的计划或安排完毕

19. 您是否让人知道自己的自杀想法?

最近一周

(1) 坦率主动说出想法 (2) 不主动说出 (3) 试图欺骗、隐瞒

(4) 近一周无自杀想法

最消沉、最忧郁的时候

(1) 坦率主动说出想法 (2) 不主动说出 (3) 试图欺骗、隐瞒

第三节 矫治方案

一、个体心理辅导方案

1. 长期咨询目标

(1) 鼓励服刑人员接受现实，主动适应环境。

(2) 克服心理障碍，不断完善人格特点。

(3) 维持一定的自尊水平，寻求人生的意义和价值。

2. 短期咨询目标

目标A：指导服刑人员学习系统脱敏的方法，实现对被监管的情境不再有过度的焦虑反应。

(1) 指导并帮助服刑人员构建诱发焦虑情境的等级表，按照引起焦虑反应的程度按照从轻到重的顺序排列，并尽量使每一级的间隔相等。

(2) 指导服刑人员掌握渐进肌肉放松技术和深呼吸的方法，或利用生物

反馈技术，帮助服刑人员掌握肌肉放松技术的要领。

（3）训练服刑人员凭借积极的意象想象，缓解焦虑情绪，并鼓励服刑人员运用真实生活情景来进行脱敏训练。

目标 B：通过叙事心理治疗，帮助服刑人员消除消极情绪反应，增强自信心。

所谓叙事心理治疗，就是咨询师鼓励服刑人员用自己的语言述说自己的生命故事，协助他们对以前充斥问题的叙述进行修订，并重新建构一个新的人生故事的治疗方法。换言之，即通过与服刑人员的谈话，发现服刑人员的叙事框架，通过外化（把人和问题分开，以第三者的角度来看问题），寻找例外事件，解构（打破僵化的故事结构），再创造（丰富替代性故事）的方法帮助服刑人员从受压抑的事件中解放出来。叙事心理治疗是一种后现代思潮的心理治疗理念，它摆脱了传统上将人看作问题本身的观念偏见，通过“故事叙说”“问题外化”“由薄到厚”等技术，使人变得更具自主性、更积极配合，同时也能反映出服刑人员过去所经历的对个体有重要影响的事件，折射出其情感、态度、动机、观点等，进而可以了解、揭示服刑人员的人格特点。从这一意义上说，叙事疗法很适合用于服刑人员的心理治疗。

（1）与服刑人员建立信任关系。进行摄入性访谈，了解服刑人员的基本信息及其心理问题和困惑，减少服刑人员对心理咨询的阻抗情绪。

（2）外化服刑人员的问题。使服刑人员能够认清问题是外在的，而不是自身的一部分。

（3）寻找例外，重构一个新的丰富的生活故事。帮助服刑人员发掘那些曾经被他忽略掉的闪光点，增强服刑人员的自信心。

（4）巩固已取得的咨询效果，使服刑人员学会在日后再次出现此类问题时如何进行自我调节。

目标 C：通过内观疗法，提高服刑人员自我观察、自我接纳、自我管理的能力，优化心理品质。

所谓“内观”，即观照事物本来的样子：服刑人员从头到脚观察身体的感受，并以此去理解“无常”（一切感受都在不断地升起灭去）、“无我”（不存在永恒不变、作为主宰的自我）、“苦”（对无常无我之事物的执着带来的痛苦）等佛教强调的“智慧”，并通过练习改变贪、爱、嗔、恨等习惯反应，进而在根本上止息痛苦。课程的第十天引入慈心禅作为内观练习的结尾，包括宽容、忏悔及向自己和众生表达祝福等内容。尽管其内容并非针对服刑人员的矫治，但其所关注的贪爱与嗔恨等问题，与偷盗、暴力、性侵犯等犯罪行为紧密相关。此外，内观课程给服刑人员提供了“精神食粮”，帮助服刑人员净化心灵并培养积极品质，从而在出狱后更好地适应社会生活。这种通过积极经验而非惩罚或震慑的方式来改造服刑人员的方式亦符合当代“积极犯罪学”的思想。

监狱中的内观课程还带来了其他的一些积极因素：第一，负责课程中饮食、报时工作的“法工”有时由外来志愿者担任，他们对服刑人员的无私帮助与关心让服刑人员既感到好奇也心怀感激；而有些参与过课程的服刑人员也有机会成为“法工”，进而获得意义感和实践亲社会行为的机会。第二，干警等监狱管理人员与服刑人员共同参与课程，提供了一些积极互动或相互支持的经历，从而能够增强服刑人员对管理人员的信任和好感。第三，课程后继续存在的每周共修，不仅帮助学员继续练习，还营造了一种认真努力的良好氛围。

目标 D：通过正念训练，降低服刑人员的心理压力水平、改善焦虑和抑郁症状、提升积极情绪和生活满意度。

正念训练具有自我体验、自我完成和自我疗愈的特点。它与其他的团体咨询或个体咨询有所不同，并没有特别强调咨询师与服刑人员之间的咨询关系，只要心理咨询干警具备一定正念练习经验和指导经验，就可以只在练习方法、练习态度和正念的理念上与服刑人员进行沟通，这样不涉及服刑人员的个人隐私，也不通过情绪宣泄，就能够使服刑人员通过坚持自我练习而从中受益，从而超越了角色对立和双重身份的问题。这种方式完全客观与中立，比较容易使服刑人员接受。

通过正念式的觉察和自省，服刑人员对自身有了更清晰的了解和洞察，从而能够真正理解自己的过去、现在和未来之间千丝万缕的关系，在自我悲悯和自我接纳的氛围中不断完成自我认识、自我接纳和自我蜕变，从每一个当下出发，珍惜和把握当前的改造生活，为未来的新生活而努力，从而实现真正意义上的矫治和改造。

二、团体心理辅导方案

（一）活动一：破冰之旅——滚雪球（30 分钟）

1. 活动目的

团体辅导的开展离不开成员之间彼此的信任，而信任的基础就是对彼此的了解。让团体成员深入了解彼此，建立亲密感，感受团体温暖。

2. 活动过程

在纸上写下成员的姓名、小名、年龄、家乡、兴趣爱好和特长。然后分成 3 组，10 人 1 组，在小组内进行“滚雪球”，后进行小组间分享。

3. 指导语

第一位要这样介绍自己——我是来自 × ×（家乡）的爱好 × ×的 × ×（小名），他右边的第二位这样介绍自己——我是坐在来自 × ×（家乡）的爱好 × ×的 × ×（小名）右边的来自 × ×（家乡）的爱好 × ×的 × ×（小名），以此类推。当然重任就会落在最后一名组员身上，他就像滚雪球一样将大家都联系在一起！一会儿，我们将进行 3 个小组间的竞赛！

（二）活动二：团体规范的建立（10 分钟）

1. 活动目的

告知团员要遵守保密原则，以增进信任感；让成员了解可以随意发表言论，解除成员的顾虑。

2. 活动过程

请一名组员念给大家听，然后领导者说明团体规范的作用，最后签字。

3. 指导语

我们选择了一个团体就应该遵循这个团体的规范，所谓“无规矩不成方圆”，这是责任的体现，也是对自己的权利和义务的维护，同时还是对他人的尊重。请认真阅读以下公告，并在空白处签名。我们的“重塑自我”小组正式成立！

团体辅导规范：

（1）我们希望此次团体辅导能够带给大家一次心灵的成长，辅导结束后成员学会自我心理矫治。

（2）每位成员都有机会讨论在团体辅导过程中感悟到的心得。当遇到分歧时，也有权利表达自己的意见。

（3）团体指导者有义务帮助团体成员把在团体中学到的东西付诸日常生活工作中。

（4）团体成员和团体指导者都应该遵循保密原则，成员信息以及辅导信息涉及个人隐私的部分要对外保密。

(5) 团体成员之间、团体指导者与团体成员之间应该相互尊重，学会倾听，学会求同存异。

(6) 为了保证团体凝聚力和团体信任关系的建立，不应随便缺席。

签字：

年　月　日

(三) 活动三：故事再现（40 分钟）

1. 活动目的

(1) 普及心理学知识，解开心理学神秘的面纱，增强服刑人员对团体主持人的信任。

(2) 树立新的理念：你的想法决定你的情绪和行为。

2. 活动过程

(1) 知识讲座——ABC 理论。ABC 分别是什么意思；ABC 理论的基本理念是什么；长期的不合理信念会形成思维定式影响我们的情绪和行为。

(2) 讲述两个故事，针对故事结尾你所提出的问题，请成员写下自己的解决方法，然后在团体内讨论分享。

故事一：有位老奶奶有两个儿子，一个是卖布鞋的。一个是卖雨伞的。晴天，老奶奶担心小儿子的雨伞卖不出去；雨天，她又担心大儿子的布鞋卖不出去。因此整天愁眉不展，没有一天好心情。

请写下：老奶奶应该用什么方法调适自己的心情？

引导：像“塞翁失马，焉知非福”“杯弓蛇影”等成语故事一样，这个故事告诉我们要学会改变自己的认知，因为你的态度会改变你的行为！

故事二：有一天你下班回家，发现走了几十年的路被警示牌挡住了，上面写着“此路管道正在维修，请绕道！”也不知道什么时候能修好，可这是回家最近的一条道路。

请写下：你这一天该如何回家？

引导：尝试一些从前不敢尝试的“新”事物或“新”活动。比如说，试着用左手写字、拿筷子、打球、取东西等，笨拙一点也不要紧，因为训练左手可以开发人的右脑。打破“舒适圈”，一种环境安逸久了就会产生惰性，从而不愿意改变，不愿意尝试，也就不会归零，这样往往会忽略其他美好的事物。

（四）活动四：接受现实（20 分钟）

1. 活动目的

（1）通过体验，使服刑人员认识到承认错误是需要勇气的。

（2）让服刑人员意识到敢于承认错误是自身敢于承担责任的表现。

2. 活动过程

（1）成员按照体操队形站立，站成 5 排，每排 6 人，前排侧平举，后排前平举。

（2）主持人发出口令：主持人喊一时，举左手；喊二时，举右手；喊三时，抬左脚；喊四时，抬右脚；喊五时，不动。成员按照要求做。主持人和不参加游戏的成员做监督者。

（3）有人出错时，出错的人要走出来站到大家面前鞠躬 90°，然后高声说：“对不起，我错了!”若有成员喊“对不起，我错了”，则出错的成员退出，游戏重新开始，以此循环，可根据实际情况选择终止，也可直到最后剩下一个成员。

（4）集体分享感受。

（五）活动五：一封信——穿越到三个月后的“我”写给现在的“我”的一封信

（六）活动六：学习手语歌曲《从头再来》

从头再来

作词：陈涛　作曲：王晓峰

昨天所有的荣誉
已变成遥远的回忆
勤勤苦苦已度过半生
今夜重又走进风雨
我不能随波浮沉
为了我挚爱的亲人
再苦再难也要坚强
只为那些期待眼神
心若在梦就在
天地之间还有真爱

看成败人生豪迈
只不过是从头再来

（七）活动七：音乐放松训练

1. 活动过程

每个人找一个舒适的座位，闭上眼睛，调整呼吸，头部、双肩、四肢逐渐放松。

室内保持安静，关灯，拉上窗帘，播放音乐。

随着音乐声每个人进入一种状态，眼前出现一幅画面……

（1）肌肉放松（重点是先使肌肉处于紧张状态，然后再放松，反复多次）。

（2）腹式呼吸（把双手分别放在腹部、胸部，感受一呼一吸中腹部的大起大伏，而尽量使胸部的起伏变小）。

（3）音乐放松（听着轻音乐，想象自己过去的、现在的值得快乐的事情）。

（4）意念放松。可按照以下的步骤逐步放松：①第一只胳膊；②另一只胳膊；③第一只手；④另一只手；⑤肩部肌肉（先一边，再另一边）；⑥颈部肌肉；⑦前额、眼睛、头皮；⑧颌和嘴（舌头，额外步骤可以不做）；⑨呼吸—胸和身体；⑩胃；⑪腰；⑫臀部；⑬一侧大腿；⑭另一侧大腿；⑮一侧脚和小腿；⑯另一侧脚和小腿。

（5）音乐声结束，大家慢慢睁开眼睛，交流自己的感受。

2. 注意事项

（1）音乐的选择是关键，要选择一些具有空灵感，旋律跌宕起伏，无明显主题的弦乐。

（2）环境很重要，保证周边没有干扰，室内温度适宜、空气流通、灯光暗淡、座位舒适。

（3）指导语不可忽视，让服刑人员在指导语的引导下，平静地进入状态。

（4）主持人要认真聆听服刑人员对“画面”的描述，注意捕捉“画面”中的细节要素。

放松指导语

舒缓恬静的音乐在您耳边响起，随着您呼吸的放慢，您的心情也慢慢地平静下来，请您闭上眼睛仔细听着舒缓恬静的音乐，放松您的眼皮，慢慢地，您感到您的眼皮很重很重，您感到非常舒服，眼皮的力气在慢慢消失，您体会，体会眼皮力气消失后的感觉，现在请将您的注意力高度集中于您的面部，面部的肌肉开始放松，再放松，面部肌肉的力气也在慢慢地消失，您体会面部力气消失的感觉，非常舒服，您继续体会力气消失后的舒服的感觉，现在您的注意力高度集中于颈部，颈部肌肉放松，再放松，颈部的力气消失了，慢慢地消失了，您体会，体会颈部力气消失后的舒服的感觉。现在请将您的注意力高度集中于肩部，肩部的肌肉放松，再放松，肩部的力气消失了，慢慢地消失了，您体会，体会肩部力气消失后的舒服的感觉。现在请将您的注意力高度集中于胸部，摒弃一切杂念，您体会胸部力气消失的感觉，胸部的力气在慢慢地消失，非常舒服，您继续体会胸部力气消失后的舒服的感觉。现在请将您的注意力高度集中在腹部，腹部的肌肉放松，随着您的呼吸，腹部的力气在慢慢地消失，您体会腹部力气消失的感觉，腹部的力气消失了，非常舒服，您继续体会腹部力气消失后的舒服的感觉。现在请将注意力高度集中于您的双脚，慢慢地，您感到双脚的力气消失了，两条腿不想动，完全不想动，您感到非常舒服，继续体会，继续体会双脚力气消失后的舒服的感觉。现在请将您的注意力高度集中于双手，慢慢地，您的两只手上的力气消失了，完全消失了，两只手感到很重，但又非常舒服，您体会，体会双手力气消失后的舒服的感觉。好的，您的全部身心现在都已经完全放松下来了，感到非常轻松，非常舒服，您的眼皮很重很重，不想睁开，也不能睁开，您能听到音乐和我说话的声音，其他的声音越来越模糊，您已经进入催眠状态，非常舒服，您再不会为任何事情紧张、焦虑、烦恼，肯定是这样。当音乐结束您就会醒来，醒来以后，您发现周围的一切都很明亮，您的大脑就像水洗过一样的清晰，精神非常饱满，您再不会为任何事情紧张、焦虑、烦恼，肯定是这样。现在音乐马上就要结束了，您马上就会醒来，醒来以后，您周围的一切都很明亮，您的大脑非常清晰，精神非常饱满。好的，音乐结束了，您醒了，请您张开眼睛。

（八）活动八：我的“自画像（起名字 + 它要说的一句话）” + 20 个“我是谁” + 优点大轰炸（40 分钟）

1. 活动目的

（1）主题测验的形式可以直观反映成员现实自我与理想自我的区别与联系。使成员了解到心理健康的人就是整合二者从而达到内心和谐平衡的人。

（2）发现并欣赏自己的独特性，体验存在感，获得自尊。

（3）让服刑人员了解自己的优点，勇敢地说出来，体验赞美与被赞美的心境，满足社会需要，树立自信心。

（4）启发成员人际交往的技巧，积极关注他人，对外来信息刺激成开放性态度并学会迁移到实际生活中。

2. 活动过程

我的“自画像”：

（1）主持人可以暗示大家，“自画像”可以是形象的肖像画，也可以是抽象的比喻画；可以是一色笔画成，也可以是多色笔画成。

（2）有的成员会因为自己的绘画技能差而感到为难，主持人要提醒大家本活动不是绘画比赛，只是要求大家画面的内容、形式等可以形象地反映对自我的认识即可。

我是谁：

（1）以填空题的形式来做“我是谁”。

（2）将重要的和不重要的项目分开，把重要的按照重要程度排序。

（3）各位成员分享自己的分类和排序。

优点大轰炸：

（1）所有人站成两个同心圆，两圆人数相等，内圈和外圈成员面对面地站立。

（2）每个人都从对面的人身上找到特别的优点，发自内心地赞美对方。先由内圈赞美对方，然后外圈给予回应。赞美对方的优点时要真诚和实事求是，可以就容貌特征（外现）、性格（内显）等多方面进行赞美。

（3）当一对组员互相赞美之后，主持人发口令让内圈的向右挪一个人，重复前一步骤。当转完一圈之后，换外圈赞美内圈，按同样步骤进行。

3. 注意事项

（1）自画像环节：寻找典型案例时，可以关注“自画像”的大小、位置、色彩、内容等，还可以关注在画“自画像”和交流时的神情。

（2）“我是谁”环节中考虑到部分服刑人员的文化水平较低，因此以填空的形式列出。

（3）优点大轰炸环节中，不要“戴高帽”，赞美之词要实事求是才能体现真诚，可以按照如下条目提问：

在刚才的那些赞扬中，你最喜欢的是哪一句？最不接受的是哪一句？为什么？

当你被人赞扬时，感受如何？

当你赞扬别人时，感受如何？

应该怎样赞扬才不会引起别人的反感？

（九）活动九：价值拍卖（5 分钟）

1. 活动目的

（1）激发成员思考自己的价值观念，学会抓住机会，不轻易放弃。

（2）帮助成员体验和澄清自己的人生态度。

2. 活动过程

（1）事前准备：将拍卖的东西事先写在硬纸板上（最好是不同的颜色），以增加拍卖的趣味性及方便拍卖活动进行。

（2）宣布游戏规则：每个成员手中有 5 000 元（代币券），它代表了一个人一生的时间和精力。每个人可以根据自己对人生的理解随意竞买下表中的东西。每样东西的底价均为 500 元，每次出价都以 500 元为单位，价高者得到东西，有出价 5 000 元的，立即成交。

爱情　金钱　友情　自由　健康　长命百岁　美貌　豪宅名车　礼貌
每天都能吃美食　名望　良心　自由　孝心　爱心　诚信　权力　智慧
拥有自己的图书馆　名牌大学录取通知书　聪明　冒险精神

3. 举行拍卖会

（1）由主持人或成员主持拍卖。

（2）按游戏方式进行，直到所有的东西都被拍卖完为止，然后请成员认真考虑买回来的东西。

4. 讨论交流

（1）你是否后悔自己买了某件东西？为什么？

（2）在拍卖的过程中，你的心情如何？

（3）有没有成员什么都没有买？为什么不买？

（4）你是否后悔自己刚才争取的东西太少？

（5）争取过来的东西是否是你最想要的？

（6）钱是否一定会带来快乐？

（7）有没有一种东西比金钱更重要，或比金钱能带来更大的满足感呢？

（8）你是否甘愿为了金钱、名望而放弃一切呢？有没有除了比上面所说的这些更值得追寻的东西呢？

5. 注意事项

（1）拍卖过程中，要注意纪律，否则活动就会成为乱哄哄的滑稽表演。

（2）有的成员可能会重复使用自己手中的代币券，主持人应注意提醒这些成员购买所付出的钱不能超过 5 000 元。

（十）活动十：“我”的五样（30 分钟）

1. 活动目的

（1）重申自我价值，明晓最珍贵的“礼物”是什么；同时持开放性态度、包容性心态接受成员间的不同价值观。

（2）懂得取舍的智慧，懂得机遇与危机共存的道理。

（3）学会感恩，学会资源利用与整合。

（4）生命教育，懂得珍惜。

2. 活动过程

（1）小组成员分成若干个小组，每人发一张纸和笔。

（2）主持人要求大家把自己“生命中最重要的五样东西”写下来，小组内进行交流。

（3）请每个人想一想，假如要从五样东西中划去一样，自己首先划去哪一样？划去的理由是什么？就这样依次再划去另一样……直到最后还剩一样。

（4）小组交流划去的顺序和理由，小组分享自己做出留与舍决定时的心理感受。

3. 注意事项

（1）注意营造一种安静、庄重的氛围，主持人要做好前期的引导，让每个人能够在认真思考的基础上做出留与舍的决定，避免轻率、随意、肤浅。

（2）每个成员写完自己生命中最重要的五样东西后，安排小组交流，是为了让成员之间有一个相互启发、自我澄清的过程，所以交流后，允许成员修改自己的“生命中最重要的五样”。

（3）小组分享时主持人一定要关注成员在做出留与舍决定时的心理感受，是轻松、果断、明确地划去，还是犹豫、痛苦、矛盾地划去，因为要求最后只留一项对有些成员来说会比较困难。

（十一）活动十一：课后作业

（1）练习放松技术。

（2）练习自我对话：学会正向的自我对话，练习为出监表现出自信与乐观的、积极的自我的对话，每天睡前回忆正向事件：我今天感到“自豪”（快乐、比起昨天做得好、有成就感……）的三件事情，我今天有所进步的三件事情。

第三章

劳动适应障碍

【案例】

刘某，男，23岁，目前在七监区服刑。入监后晚上经常失眠，难以入睡，常常躺在床上胡思乱想，导致第二天工作效率很差。经常便秘，常常待在厕所半天出不来。紧张、焦虑、不安，时不时搓手，情绪比较低落。在看守所时，得知女朋友怀孕，通知大哥把女友接回家中，后来女友生下一个女儿。如今入监已将近半年，曾多次写信回家，但不见家中回信，非常担心女友和自己的女儿。家庭经济状况一般，自己与父母、兄弟姐妹的关系较差，害怕女友在家中吃苦。

刘某由于联系不到家里人，没有生活费，生活用品全部靠其他服刑人员接济，内心极度自卑，感觉在其他服刑人员面前抬不起头，因此逃避与他人交往。刘某看不懂图纸，一旦换货就会经常出错，因此没法完成劳动定额，干警经常对其进行教育，但不管怎样努力生产效果就是差，一到工厂就非常压抑、紧张，特别是有干警找自己的时候，内心非常焦虑不安。

诊断：适应障碍。具体表现为不能适应生产劳动——每月实际完成的产值与额定值差距大，伴随自我评价下降、紧张、焦虑、睡眠质量下降、回避人际交往等一系列负性情绪和回避行为，内容存在泛化，持续时间超过三个月，社会功能相应受损，有严重心理问题。

第一节　症状表现

劳动是人类最基本的实践活动。马克思指出："劳动是一切社会病毒的伟大的消毒剂。"劳动可以使服刑人员收获劳动成果，感悟劳动的意义和价值，体验劳动的幸福和快乐，并通过新旧观念的比较、反省，逐渐达到转变错误的劳动意识和劳动观念的目的。劳动改造可以创造让服刑人员自我感悟的环境，这种感悟是服刑人员的劳动技术、劳动行为、自我约束能力和劳动关系处理能力的统一，直接决定服刑人员回归社会后的谋生能力。

首先，通过组织服刑人员进行劳动，可以使服刑人员在监狱学习劳动技能，掌握谋生手段，化解回归社会后因缺乏谋生技能和生存手段而铤而走险的犯罪诱因，从而为避免社会化过程中的角色冲突提供可能。其次，由于服刑人员所参加的劳动是有严格组织、严格规范、严格程序、严格纪律的生产活动，在岗位责任制、劳动定额、工艺规格程序、质量检验、物耗控制以及生产过程的时间连续性、工艺顺序性、需求均衡性、环节衔接性等制约体系的规范和约束下，服刑人员不仅能在劳动观方面得到转变，而且能在意志、性格、品质方面受到严格训练，自我约束能力逐步增强，从而使种种恶习受到约束和得到矫正。最后，通过劳动，服刑人员之间、服刑人员与监狱干警之间、服刑人员与各生产要素之间，建立起一定的生产关系，实现了社会生产的真实再现和模拟。这样，服刑人员在服刑期间就生活在由监狱所营造的“准社会生产环境”之中，即处于社会化的进程当中，一旦刑满释放，就会较为顺利地适应社会生活。可见，服刑人员劳动过程的体验，是培养服刑人员的生产技术、提高自我生存能力、改善人际关系、磨炼意志、顺利实现再社会化和重塑健康人格的重要手段。

“劳动改造”是我国监狱工作几十年的传承，对服刑人员改造越来越起着不可替代的作用。初入监服刑人员经常出现的对劳动改造的不适应表现在以下两个方面：

一、消极怠工

许多服刑人员害怕劳动，寻找各种借口，采取多种方式躲避和抵制劳动，认为劳动就是在为监狱卖苦力。还有许多因为盗窃、诈骗、赌博等而被判刑的服刑人员，大多贪图享乐、好逸恶劳、追求生活享乐，物质欲望强烈，在劳动时偷懒耍滑，具有明显的功利性。

二、劳动焦虑

服刑人员因为害怕完不成任务，过度紧张、焦虑、害怕，可伴有失眠、自主神经功能紊乱和运动性不安等症状。

第二节　诊断评估

一、焦虑状态评估

焦虑自评表（Self - Rating Anxiety Scale，SAS）是由 Zung 于 1971 年编制而成的，从量表构造的形式到具体评定的方法，都与抑郁自评量表（SDS）十分相似，它也是一个含有 20 个项目，分为 4 级评分的自评量表，用于评出焦虑病人的主观感受。

（一）项目、定义和评分标准项

SAS 采用 4 级评分，主要评定项目为所定义的症状出现的频度，其标准为："1" 表示 "没有或很少时间有"；"2" 是 "小部分时间有"；"3" 是 "相当多时间有"；"4" 是 "绝大部分或全部时间都有"。SAS 的 20 个项目希望引出的 20 条症状（括号中为部分症状名称）是：

1. 我觉得比平常容易紧张和着急（焦虑）。
2. 无缘无故地感到害怕（害怕）。
3. 容易心里烦乱或觉得惊恐（惊恐）。
4. 我觉得我可能将要发疯（发疯感）。
5. 我觉得一切都好，也不会发生什么不幸（不幸预感）。
6. 我手脚发抖打战（手足颤抖）。
7. 我因为头痛、颈痛和背痛而苦恼（躯体疼痛）。
8. 我感觉容易衰弱和疲乏（乏力）。
9. 我觉得心平气和，并且容易安静坐着（静坐不能）。
10. 我觉得心跳很快（心悸）。
11. 我因为一阵阵头晕而苦恼（头昏）。
12. 我眩晕发作或觉得要晕倒似的（晕厥感）。
13. 我呼气吸气都感到很容易（呼吸困难）。
14. 我手脚麻木和刺痛（手足刺痛）。
15. 我因为胃痛和消化不良而苦恼（胃痛或消化不良）。
16. 我常常要小便（尿意频繁）。
17. 我的手常常是干燥温暖的（多汗）。

18. 我脸红发热（面部潮红）。

19. 我容易入睡并且一夜睡得很好（睡眠障碍）。

20. 我做噩梦（噩梦）。

（二）适应对象

SAS 适用于具有焦虑症状的成年人。同时，它与 SDS 一样，具有较广泛的适用性。

（三）评定方法

在服刑人员评定之前，要让其明白整个量表的填写方法及每条问题的含义，然后做出独立的、不受任何人影响的自我评定。

在开始评定之前，先由工作人员拿出 SAS 量表说明并告诉服刑人员，下面有 20 条文字，请他仔细阅读每一条，把意思弄明白，然后回顾他最近一星期的实际情况，如果符合自己的情况，在适当的方格里划“钩”，每小题只能选择一种情况。各条文字后面有 4 个方格，分别代表“没有或很少时间有”“小部分时间有”“相当多时间有”“绝大部分或全部时间都有”。

如果服刑人员的文化程度太低不能理解或看不懂 SAS 的问题内容，可由工作人员逐条念给他听，让服刑人员独立地做出评定。一次评定，一般可在十分钟内完成。

（四）注意事项

（1）评定的时间范围，应强调的是“现在或过去一周”。

（2）在评定结束时，工作人员应仔细检察一下自评结果，应提醒服刑人员不要漏评任一个项目，也不要在相同一个项目里打两个钩（即不要重复评定）。

（3）SAS 应在开始治疗前由服刑人员评定一次，然后至少应在治疗后（或研究结束时）再让他自评一次，以便根据 SAS 总分变化来分析服刑人员症状的变化情况。如在治疗期间或研究期间评定，其间隔时长可由研究者自行安排。

（五）结果分析

SAS 的主要统计指标为总分。由服刑人员评定结束后，工作人员将 20 个项目的各个得分相加，即得粗分（raw score）。经过下式换算，y = int (1.25)；即用粗分乘以 1.25 以后取整数部分，就得到标准分（index score, Y），或者可以查表作相同的转换。必须着重指出的是，在 SAS 的 20 个项目中，第 5、9、13、17、19 条各项目的计分，必须反向计算。

二、自我效能感测量

自我效能感是指个体对自己面对环境中的挑战能否采取适应性的行为的知觉或信念。一个相信自己能处理好各种事情的人，在生活中会更积极、更主动。这种“能做什么”的认知反映了一种个体对环境的控制感。因此自我效能感是以自信的理论看待个体处理生活中各种压力的能力。

一般自我效能感量表（General Self-Efficacy Scale，GSES）由 Schwarzer 等人编制，中文版由王才康等人（2001）翻译修订，对其信效度进行分析。结果发现 GSES 具有良好的信度，其内部一致性系数 CronbachA = 0.87，重测信度 $r=0.83$（$p<0.001$），折半信度为 $r=0.82$（$n=401$，$p<0.001$）。GSES 只有一个维度。

请仔细阅读下面的一些描述，每个描述后有四个选项，请根据真实情况，在最符合您情况的一项上打钩。

1. 如果我尽力去做的话，我总是能够解决问题的。 □ □ □ □
2. 即使别人反对我，我仍有办法取得我所要的。 □ □ □ □
3. 对我来说，坚持理想和达到目标是轻而易举的。 □ □ □ □
4. 我自信能有效地应付任何突如其来的事情。 □ □ □ □
5. 以我的才智，我定能应付意料之外的情况。 □ □ □ □
6. 如果我付出必要的努力，我一定能解决大多数的难题。□ □ □ □
7. 我能冷静地面对困难，因为我相信自己处理问题的能力。 □ □ □ □
8. 面对一个难题时，我通常能找到几个解决方法。 □ □ □ □
9. 有麻烦的时候，我通常能想到一些应付的方法。 □ □ □ □
10. 无论什么事在我身上发生，我都能够应付自如。 □ □ □ □

记分方法：完全不正确 1 分；尚算正确 2 分；多数正确 3 分；完全正确 4 分。分数越高说明自信心越高。

1～10 分自信心很低，甚至有点自卑，建议经常鼓励自己，相信自己是可以的，正确对待自己的优点和缺点，学会欣赏自己。

10～20 分自信心偏低，有时候会感到信心不足，找出自己的优点，承认它们，欣赏自己。

20～30 分自信心较高。

30～40 分自信心非常高，但要注意正确看待自己的缺点。

第三节　矫治方案

一、个体心理辅导

（一）长期咨询目标

（1）降低焦虑的发生频率和强度，保持正常的日常功能。

（2）解决引起焦虑的核心冲突。

（3）提高有效处理各种生活压力和应激事件的能力。

（二）短期咨询目标及具体措施

目标 A：了解焦虑与现实生活的关系，评估焦虑的程度。

（1）建立信任的咨询关系，营造出支持性的环境，引导服刑人员说出他当前担心与紧张的事，了解焦虑与其童年或过去的生活经历的关系，探究服刑人员焦虑的现实关联性。

（2）运用 SAS、SCL－90 等工具测评服刑人员的焦虑程度，运用 MMPI 等工具了解其人格，运用生活事件量表了解其经历的应激事件。分析服刑人员焦虑的性质是客体性焦虑、神经症性焦虑，还是道德性焦虑，同时是否伴有躯体性症状。

（3）对焦虑较为严重的服刑人员有必要进行精神病学评估，确定是否需要服用抗焦虑的药物。

目标 B：分析服刑人员引起焦虑情绪的非理性的认知，选择有针对性的认知疗法，如理性情绪疗法、认知重建、自我指导训练、焦虑管理训练、问题解决疗法、社会学习等。

（1）探寻在服刑人员生活中有哪些诱发焦虑反应的应激事件或相关刺激，然后向其介绍 ABC 理论，引导其从对应激事件的角度关注转向对主体认知的思考，明白自己的焦虑情绪主要源于认知图式和内隐条件反射的习惯。给服刑人员布置认知作业，要求其记录发生焦虑时的自动想法，并列出可以支持焦虑的证据和不支持的证据。

（2）复诊时就完成的作业进行讨论，帮助服刑人员认识自己的自我挫败思维或让其认识到消极评价影响了自己的焦虑情绪和身体反应，从而干扰了自己的行为。

（3）引导服刑人员检查自我非理性思维中出现消极事件的概率有多大，假如消极事件真的发生了，会有哪些可能的结果，服刑人员接受各种结果以及控制结果的能力如何。

（4）引导服刑人员认识自我挫败和自我增强思维的区别，让其明白对同一件事采用不同的思考模式可能会导致不同的行为和结果。这两种思维的区别是：这种想法（思维）是能够减弱还是增强个人的成功或工作效率。例如一个无所事事的服刑人员原本消极的自我挫败思维是："我什么都不会，坐牢更是浪费时间。"而积极的自我增强的想法是："在这里我参加改造，我可以学习一技之长。"

（5）鼓励服刑人员经常反复练习这种思维的转换，不要经常关注和后悔自己过去犯下的过错，应该关注当前如何让自己变得好起来。

目标C：教授服刑人员学习放松技术和思维停止技术，降低当下的焦虑水平。

（1）训练服刑人员掌握意象放松、肌肉放松、深呼吸放松技术，鼓励服刑人员运用这些技术应对平常出现的焦虑情绪。

（2）教授服刑人员学会运用思维停止技术。例如，用力抓一下自己的手腕，或转移注意力等。运用停止思维的方法干预或组织一直自动进行的非理性的强迫思维，同时联想出一个愉快的情景作为强化，比如积极配合劳动改造，争取早日重获自由。

目标D：确定服刑人员过去成功使用过的焦虑应对机制，然后鼓励其增加这种机制的使用率。

（1）鼓励讲述可行的、现实的积极想法。

（2）帮助服刑人员换个角度看待焦虑，考虑各种可能的选择；帮助服刑人员接受基于事实根据的、积极的认知信息，增强其处理焦虑的自信心。

二、团体心理辅导

（一）主题一：如何控制焦虑情绪

1. 实施对象

存在焦虑情绪问题的新入监服刑人员。

2. 预期目标

（1）筛选出具有明显焦虑情绪问题的服刑人员。

（2）使其能够尽快从社会生活环境过渡到监狱生活环境中来。

（3）团体心理辅导实施前后，团体参与者的焦虑情绪有明显的改善。

3. 实施过程

具体的实施过程可分为以下五个步骤：

（1）运用中国罪犯心理测试个性分测验对新入监的服刑人员进行测量，并根据相应的标准筛选出具有明显焦虑情绪问题的服刑人员。

（2）实施团体心理辅导前干警对服刑人员进行个别访谈（0.5～1 小时），访谈中了解服刑人员的心理状态，并对服刑人员的焦虑情绪表示理解。

（3）向参与者讲解焦虑情绪有碍于服刑生活及改造，良好的心理状态不但能提高环境适应力，还可以改善人际关系，更好地适应监狱生活。向服刑人员讲解，参加团体心理辅导有助于改善心理健康水平，提高其适应能力。

（4）确定服刑人员是否愿意参加团体心理辅导。

（5）开始有针对性地设计团体心理辅导方案。

在活动开始之前，引导大家一起围成一个圆圈，向所有参与活动的服刑人员介绍做这场活动的目的，接着让他们轮流介绍一下自己（自我介绍可以不按照圆圈的顺序来，最开始由干警指定一个某方面特点突出的人先开始，然后随便指定另一个人，直到所有的人都轮完一遍为止），可以从自己的角色、兴趣爱好以及自己的优缺点等方面来介绍自己。等到所有人都介绍完之后就开始进行后面的活动。

活动一：左手逃，右手抓

左手逃，右手抓

项目名称	左手逃，右手抓	项目类型	破冰
人员要求	无	时间预计	5 分钟
场地要求	无	项目道具	无
项目简介	无		
项目目标	通过破冰活动消除隔阂，为接下来的拓展做好准备		
项目规则	参与者围成一圈，间距两臂，面朝中央，侧平举双臂。每个人，左手只伸出食指向上，顶在左边的人的右手掌之下，右手手掌朝下，放在右边的人的左食指之上。接下来主持人会念出一段话（有这样一家三口，爸爸最喜欢的颜色是白色，妈妈最喜欢的颜色是黑色，女儿小红最喜欢的颜色是绿色，有一天他们一起去逛街，说要挑选一个花瓶，爸爸说要选择简单大方的白色，妈妈却坚持要买黑色的，就在他们争吵的时候，小红就跑去跟导购说，他们要买一个绿色的花瓶，让导购包装起来，结果就是，他们家多了一个清新可爱的绿色小花瓶），听到关键字（关键字是描述颜色的字）就要及时做出反应，被抓住的人或抓的人都需要接受惩罚（念绕口令）		

（续上表）

项目变通	主持人念的那段话可以根据服刑人员在监狱实际的情况编写，可以更具针对性，或起到一定的教导作用
总结引导	大家经过这个游戏以后，是不是放松了很多呢？那么就让我们全身心地投入到下一个环节中去吧

活动二：进化论

进化论

项目名称	进化论	项目类型	破冰
人员要求	8 人以上	时间预计	5 分钟
场地要求	空地	项目道具	无
项目简介	猜拳输赢后通过特定的晋级方式筛选出 3 人接受惩罚		
项目目标	活跃团队气氛，使参与者的情绪与拓展活动气氛同步，更易投入到拓展活动中去		
项目规则	共有鸡蛋、小鸡、母鸡、凤凰这四个逐级递升的角色。全体人员先蹲下作为鸡蛋，而后相互找鸡蛋猜拳。赢者进化为半蹲的小鸡，输者继续是鸡蛋。小鸡相互猜拳，赢者进化为站起直立的母鸡，输者保持当前的状态。母鸡相互猜拳，赢者走到干警身旁成为凤凰。直到剩下 3 人没有成为凤凰为止，最后输者接受惩罚		
总结引导	借这个简单的活动热身，使大家相互之间不再陌生		
注意事项	提前准备好惩罚环节		
项目备注	规则比较长不易讲述，可以先找协助人员做演示		

接下来需要分组活动了。按照参与人数将大家平均分成几组，分组方式多种多样，可以简单地报数分组。

活动三：心心相印

心心相印

项目名称	心心相印	项目类型	挑战，沟通
人员要求	5 人一组（根据具体人数而定）	时间预计	35 分钟
场地要求	空地	项目道具	游戏题目（可以是具有可表演性的成语或词语）
项目简介	提高拓展的欢乐氛围，加强组员间的关系		
项目目标	让参与者感受沟通的重要性		
项目规则	1. 组内讨论选出两人为表演者，其余人为猜测者 2. 干警把提前准备好的写有成语或词语的纸条给表演者 3. 表演者根据纸条上的内容，以动作的形式（注意：动作者可以用语言来解释，但不能说出动作中的字）展示给猜测者，猜测者能猜出表演者所做动作的成语或词语时，就算过关 4. 以一定时间内猜对词语的个数为指标，多数组胜 （表达清晰的成语：欣喜若狂、眉飞色舞、心花怒放、手舞足蹈、眉开眼笑、满面春风、开怀大笑、欢天喜地、怒气冲天、多愁善感、心急如焚、心神不宁、闷闷不乐、无精打采、垂头丧气）		
项目变通	可以将成语改变成其他类型的词语。考虑到服刑人员的文化程度问题，可以适当降低题目难度		
分享讨论	1. 哪个小组猜到的词语最多？你们是如何进行沟通的呢 2. 在看不懂你的伙伴的表演时，你有什么感觉呢		
总结引导	其实在平时，沟通是很重要的，你直截了当地说出来比你拐弯抹角地解释有时更有效果些		
注意事项	注意表演者不可以违规，否则该题算是作废		
项目备注	考虑到服刑人员的特殊情况，找出一些含有动物的成语备用：九牛一毛、鼠目寸光、牛头马面、狐假虎威、守株待兔、亡羊补牢、闻鸡起舞、龙争虎斗、对牛弹琴、画蛇添足、望子成龙、生龙活虎、杯弓蛇影、一马平川、鸡犬不宁、龙飞凤舞、龙凤呈祥、龙潭虎穴、蛛丝马迹、莺歌燕舞		

活动四：问候按摩——放松，减轻焦虑、活跃气氛（10～15 分钟）。

活动规则：全体服刑人员面向辅导者，以其为圆心围成圆圈，辅导者要求队员向左转，并让队伍转动起来，在行进过程中后面队员给前面队员按摩肩部颈部，并根据辅导者的提示拍打前面队员的后背、腰部和腿部等。结束后，前面队员要与后面队员亲切握手表示感谢。然后辅导者口令：全体队员向后转，再次行进，每个圈的前后队员互换角色，做法同上。

活动五：意想放松

意想放松

项目名称	音乐与意想	项目类型	
人员要求	无	时间预计	20 分钟
场地要求	室内拉上窗帘，周边环境无干扰	项目道具	音乐光碟、影碟播放设备或音频文件、电脑、音箱等
项目目标	让大家聆听音乐，令大家情绪平静、身体放松，减轻焦虑状况		
项目规则	1. 每个人找一个舒适的座位，闭上眼睛，调整呼吸，头部、双肩、四肢逐渐放松 2. 室内保持安静，关灯，拉上窗帘，播放音乐 3. 随着音乐声每个人进入一种状态，眼前出现一幅画面…… 4. 音乐声结束，大家慢慢睁开眼睛，交流自己的感受		
分享讨论	可以问大家放松之后的心情如何，有什么想法		
注意事项	1. 音乐的选择是关键，要选择一些具有空灵感、旋律跌宕起伏、无明显主题的弦乐 2. 环境很重要，要保证周边没有干扰，室内温度适宜、空气流通、灯光暗淡、座位舒适 3. 指导语不可忽视，让大家在指导语的引导下，平静地进入状态 4. 主持人要认真聆听大家对“画面”的描述，注意捕捉“画面”中的细节要素		
项目备注	经过上面一系列的活动之后，给大家一个沉淀的机会，让大家静下来好好思考，回想刚刚经历的一切，然后请大家分享自己此时的心情、想法等，使整个活动得到升华		

4. 效果评估

服刑人员团体拓展活动效果评估表

您好：今天，我们的团体拓展活动将近尾声了，我们很想了解您对这次拓展活动的感受和意见，以作为我们今后改进的参考。请就下列每个陈述符合您的想法或感受的程度，在每道题下面的分数上打勾。感谢您的参与！

极不符合　1　2　3　4　5　6　7　极符合

- 1. 我能在这次拓展活动中向别人表达我的看法。
  1　2　3　4　5　6　7
- 2. 我喜欢这次活动。
  1　2　3　4　5　6　7
- 3. 我觉得通过这次活动学会了放松的方法。
  1　2　3　4　5　6　7
- 4. 我对自己的情绪越来越了解了。
  1　2　3　4　5　6　7
- 5. 参加这样的活动我对自己的改造越来越有信心。
  1　2　3　4　5　6　7
- 6. 在拓展活动中，我乐意与其他人分享我的经验。
  1　2　3　4　5　6　7
- 7. 我觉得参加这次活动所取得的经验很有帮助。
  1　2　3　4　5　6　7
- 8. 我觉得通过这次活动，大家更加坦诚和相互信任。
  1　2　3　4　5　6　7
- 9. 我喜欢干警对待我们的态度和方式。
  1　2　3　4　5　6　7
- 10. 我认为这次活动可改进的地方是：________________________________

____

____

干警评估表

日期：	干警：
• 拓展主题内容：	
• 活动气氛：	
• 活动参与者的相互反应：	
• 偶发事件及处理：	
• 拓展效果评价：	
• 活动建议：	

活动惩罚：绕口令

1. 打南边来了个哑巴，腰里别了个喇叭；打北边来了个喇嘛，手里提了个獭犸。提着獭犸的喇嘛要拿獭犸换别着喇叭的哑巴的喇叭；别着喇叭的哑巴不愿拿喇叭换提着獭犸的喇嘛的獭犸。不知是别着喇叭的哑巴打了提着獭犸的喇嘛一喇叭；还是提着獭犸的喇嘛打了别着喇叭的哑巴一獭犸。喇嘛回家炖獭犸，哑巴嘀嘀嗒嗒吹喇叭。

2. 哥哥弟弟坡前坐，坡上卧着一只鹅，坡下流着一条河。哥哥说：宽宽的河，弟弟说：白白的鹅。鹅要过河，河要渡鹅。不知是鹅过河，还是河渡鹅。

3. 扁担长，板凳宽，扁担没有板凳宽，板凳没有扁担长。扁担绑在板凳上，板凳不让扁担绑在板凳上。

4. 石狮寺前有四十四个石狮子，寺前树上结了四十四个涩柿子，四十四个石狮子不吃四十四个涩柿子，四十四个涩柿子倒吃四十四个石狮子。

5. 天上有个日头，地下有块石头，嘴里有个舌头，手上有五个手指头。不管是天上的热日头，地下的硬石头，嘴里的软舌头，手上的手指头，还是热日头，硬石头，软舌头，手指头，反正都是练舌头。

（二）主题二：如何处理压力

1. 实施对象

存在压力情绪感受的新入监服刑人员。

2. 预期目标

（1）筛选出压力承受能力明显不足的服刑人员。

（2）使其能够尽快从社会生活环境过渡到监狱生活环境。

（3）团体心理辅导实施后，团体成员的压力情绪感受得到明显的改善。

3. 实施过程

（1）运用中国罪犯心理测试个性分测验和 SCL－90 对新入监服刑人员进行测量，并根据相应的标准筛选出符合条件的服刑人员。

（2）实施团体心理辅导前，干警对成员进行个别访谈（0.5～1 小时）。

（3）在访谈过程中，了解成员当前的心理状态，并对成员情绪状态给予一定的共情。

（4）向成员解释该适应情绪问题对于服刑生活和改造教育的阻碍作用，良好的心理状态不但能提高环境适应能力，而且可以改善人际关系，有利于成员更好更快地适应监狱特殊的生活环境。

（5）向成员说明主题团体心理辅导有助于改善个体心理健康水平，提高其适应能力。

（6）确定成员是否愿意参加主题团体心理辅导，签订协议。

在活动开始之前，引导大家一起围成一个圈，向所有参与活动的服刑人员介绍本次团体辅导的主题以及目的。然后，鼓励大家轮流进行“自我介绍”项目（自我介绍允许以多种形式展开，围圈开始或者由活动主持者逐个指定，确保全部人员都自我介绍即可）。最后，简单总结大家的表现（可从声音的语音、语调、音量方面点评，鼓励大家大胆表现自我），强调契约内容，开始进行下面的具体活动。

活动一：桃花朵朵开。

桃花朵朵开

项目名称	桃花朵朵开	项目类型	破冰
人员要求	无	时间预计	10 分钟
场地要求	空地	项目道具	久石让《菊次郎的夏天》
项目简介	把人比作桃花，一朵一朵欢快地开放		
项目目标	通过该破冰活动，消除成员刚接触时的隔阂，为接下来的活动做好准备		

（续上表）

项目规则	所有参与成员围成一个圈，在音乐响起的时候，朝同一个方向走动。活动主持人会说“桃花朵朵开呀”，成员集体提问“开几朵”。主持人随机说出一个阿拉伯数字，那么成员就需要几个人抱团站在一起。比如当主持人说“开五朵”，那么就必须五个人抱团站在一起；如果抱团的人超过或者不足五个，都要接受“惩罚”。主持人随机说出的数字要本着让他们有落单的组合数字去讲，这样才有机会让他们接受“惩罚”
总结引导	看着大家灿烂的笑容，我也被感染得心情愉快了。相信在这个活动中，大家都有放开地主动地寻找队友抱团，都很活跃、开心。那么，让我们一起来体验下面的活动吧
注意事项	防止成员跑动过程中出现碰撞等受伤意外

活动二：奇妙的箱子。

奇妙的箱子

项目名称	奇妙的箱子	项目类型	呈现问题
人员要求	无	时间预计	20 分钟
场地要求	空地	项目道具	一个箱子、若干 A4 纸和笔、纯音乐《勇敢的幸福》
项目简介	赋予箱子（道具）某种神奇的力量，能够将消极情绪化解		
项目目标	通过该活动使得成员当前的压力等消极情绪得到暂时的化解，把当前的困扰问题呈现出来		
项目规则	助手帮忙给每个成员派发两张白纸和一支笔，然后主持人引导成员在一张纸条上写出自己最近不好的情绪感受，另一张纸条上写最近困扰自己的事情（待解决的事情）。然后主持人就把箱子放在成员前面，并和成员们讲解箱子的功能。告知成员们，箱子可以“消化掉所有消极情绪”的特殊功能，能够把大家投入其中的消极情绪化解掉，所以希望大家待会能把自己刚刚写好的最近不好的情绪感受的纸狠狠地丢弃在这个箱子里，让我们通过抛开这种消极情绪来开始我们接下来的活动		

（续上表）

总结引导	引导成员专注地把自己的纸条投入箱子中，并尽量体验到已经把消极情绪丢弃了，暂时不再有消极情绪体验，比如悲伤情绪等，把纸条放进纸箱后暂时不感到悲伤了
注意事项	助手帮忙把成员没有扔准的纸条拿进纸箱里

活动三：我愿意为你

我愿意为你

项目名称	我愿意为你	项目类型	解决问题
人员要求	无	时间预计	20 分钟
场地要求	无	项目道具	椅子、轻音乐《蓝色生死恋》
项目简介	提供一次机会，让他们能为别人解决困扰出谋划策；同时，自己也能听取别人为自己的困扰问题所提供的解决方案		
项目目标	通过该活动，使得给成员造成困扰或者带来压力的问题有了解决的方法，并能在帮助别人解决问题的过程中体验自我价值感，有助于成员增强自信心，从而提高其现实中面对困扰积极应对的能力		
项目规则	助手把椅子平均分成两部分，分别围成一个圆圈（内圈和外圈），使得内外圈的人能面对面交谈。活动主持人引导成员找位置坐下，然后和坐在自己对面的人诉说自己刚刚写在纸条上面的困扰，对面的人在倾听后给予自己力所能及的解决方法。两个人相互诉说自己的困扰并相互帮助后，主持人喊口令让外圈的人起来并向右转两个位置坐下，然后又开始重复“相互交流、相互帮助”的环节		
总结引导	鼓励成员勇敢地和别人诉说自己的困扰，积极寻找帮助，鼓励成员真诚耐心地倾听别人的困扰，积极提供自己认为可以解决或缓解的方法		
注意事项	活动中转动的人（内圈或者外圈）、次数、方向、交谈的时间等都是可以灵活变动的，但建议转动位置数大于 2，这样能够避免成员听到旁边人对于相同的问题的解决方法，避免使成员心理出现比对落差感		

活动四：展翅飞翔

展翅飞翔

项目名称	展翅飞翔	项目类型	回归、总结
人员要求	无	时间预计	15 分钟
场地要求	无	项目道具	歌曲《我相信》或《我真的很棒》
项目简介	鼓励成员把自己的纸条折叠成纸飞机，把纸飞机想象成自己		
项目目标	通过该活动使成员有信心面对现实中困扰的问题		
项目规则	活动主持人对活动进行总结，并鼓励成员表达自己在活动中的感受，比如收获到解决问题的方法等等（10 分钟）。然后，所有成员把自己手中的纸条折叠成纸飞机，在主持人的统一口令下，放飞自己的纸飞机		
总结引导	鼓励成员表达自己的感想，引导成员把自己想象成纸飞机，然后把放飞的过程想象成是自己在展翅飞翔		
注意事项	助手帮忙教不会折叠纸飞机的成员折纸飞机。活动主持人可以根据自己的时间安排，选择是否教成员学习《我真的很棒》的自我鼓励手操		

该主题活动总结可运用“冥想”放松进行。其引导语参考如下：

请大家闭上眼睛，端起你的双手，调整呼吸，吸气，呼气，吸气，呼气。想象，你的双手，端起了一条直线，如果你看到了，请点头。这是你的时间线，左手代表过去，右手代表未来。想象，你的时间线慢慢漂浮在你的眼前，线的中点是你的现在，你站在线的中点，看着未来，如果你看到了，请点头。现在，在未来一年的那一个点上，定下一个简单清晰的、可量化的目标。想象你达到目标时的画面。如果你能看到，请点头。

（音乐起）感受音乐的旋律与你身体的共鸣。将注意力放在你的头顶。一道金黄色的光芒从你的头顶射入，注入了你的身体，到你身体的每一个角落。再由每一个角落流回你的身体，注入你的时间线上。如果你能看到充满光芒的时间线，请点头。请在这条充满光芒的时间线上找到一年后你简单清晰的、可量化的目标，想象达到目标的画面。一个金色的钟罩罩住了你的目标，在你的时间线上。

好的，最后再看一次你的时间线和金钟罩罩着的目标。慢慢睁开眼睛，回到当下，与你周围的人分享你的感受。

4. 效果评估

当团体活动接近尾声的时候，发给每个成员一份建立在存在主义疗法基础上的信息：

我们希望你们已经意识到你们在促进自己生活改变方面所负的责任。你可以通过改变自己而非尝试改变他人来获得力量。你们中很多人开始意识到自己面前拥有开放性的选择，所以你可以现在反思你自己做的决定。即使你想保持生活中的大部分原封不动，你现在仍然可以自由选择，不必按照别人的计划来安排你的生活。尽管自主选择可能会给你带来焦虑，但它会让你感觉到自己是生活的主人，未来就掌握在你自己的手中。

最后，由服刑人员和干警主持人分别填写有关的评估表。

第四章

居住环境适应障碍

【案例】

项某，1971 年 5 月 28 日生，福建人，汉族，高中文化，因抢劫罪被判处死刑缓期二年执行。2003 年 3 月入监。项某由于刚到监狱，对改造环境不了解，不能适应监狱里的居住、饮食等，出现了严重的失眠，伴有食欲不振、体重下降等症状。加上被判死缓，刑期长，改造没有方向，看不到前途，导致项某焦虑、烦躁、紧张、心神不宁，在训练时注意力不能集中，而且不敢与人沟通，持续时间已经有一个多月，自己感觉很痛苦。

第一节　症状表现

一、敌对和戒备心理突出

监狱是国家的刑罚执行机关。高墙电网的隔离环境、荷枪实弹的武警战士以及威严的管教干警无时无刻不在提醒着服刑人员，他们是被监管、受惩罚、需改造的对象。监禁环境与自身利益之间的尖锐对立会引发服刑人员，尤其是新入监服刑人员的自我防御机制，使他们在短时间内就处于高水平的应激状态，形成强烈的敌对和高度的戒备心理。

二、负性情绪明显

服刑人员置身于监狱这种带有鲜明的管制性和隔离性的特殊环境中，承受着较大的心理冲击和压力。同时他们又远离亲人，远离以往所拥有的家庭和社会的支持系统，加上或长或短的刑期、难测的前景，使其容易产生恐惧、抑郁、敌对、焦虑、强迫等负性情绪以及伴随负性情绪而产生的种种躯体不适感，甚至发生心理危机。

三、自尊水平下降

我国对服刑人员的住宿安排一般是集体宿舍，特殊情况下才安排服刑人员单独住宿。除了极少数条件较好的监狱，大多数监狱是每个监室大约 30 平方米，采用大通铺或上下铺的形式，关押 20 名以上的服刑人员。有的监狱为了便于安全管理，每个监室的门、窗以及洗手间全是用栅栏做成，干警一眼望过去，清清楚楚。许多监狱和看守所人满为患，不同刑期、不同犯罪类型、不同年龄、不同经历的服刑人员混押的现象比较普遍。超员关押、监舍居住密集、在毫无隐私权的环境中生活，这些都会不知不觉地消蚀服刑人员的自尊。

四、躯体化症状常见

相较于入监前的生活水平，监狱严格的管理和艰苦的环境会让很多服刑人员产生巨大的落差，使得他们的心理冲突更加明显，心理问题更加复杂，心理健康状况也就更差，部分有躯体化倾向的服刑人员容易出现各系统的不适症状，其中以失眠和消化系统、呼吸系统、心血管系统疾病最为常见。

第二节　诊断评估

一、匹兹堡睡眠质量指数量表

（一）简介

流行学研究表明，15% ~35% 的成人有睡眠质量问题。睡眠质量问题不仅与多种精神障碍的发生、发展有关，而且也是多种躯体疾病、意外事故和死亡发生的高危因素。睡眠质量包括睡眠的质和量两个部分，如何客观地评价睡眠质量是睡眠科学研究的重要课题。匹兹堡大学精神科医生 Buysse 博士等在综合概括前人文献和有关测试工具的基础上，克服现有测试工具的不足，于 1989 年编制了匹兹堡睡眠质量指数量表（Pittsburgh Sleep Quality Index，PSQI），以 52 名健康者、62 名睡眠患者和 54 名抑郁症患者为测试对象验证了该量表的信效度，用于睡眠质量评价的临床和基础研究。

（二）适用范围

适用于睡眠障碍患者、精神障碍患者的睡眠质量评价和疗效观察，一般人群睡眠质量的调查研究，以及睡眠质量与心身健康的相关性研究。

（三）量表内容

下面是一些关于睡眠情况的相关问题，请选择最符合您近 1 个月实际情况的答案。请回答下列问题：

1. 近 1 个月，晚上上床睡觉通常在（　　）点钟。
2. 近 1 个月，从上床到入睡通常需要（　　）分钟。
3. 近 1 个月，通常早上（　　）点起床。
4. 近 1 个月，每夜通常实际睡眠（　　）小时（不等于卧床时间）。

关于下列问题请选择 1 个最适合您的答案。

5. 近 1 个月，因下列情况影响睡眠而烦恼：

a. 入睡困难（30 分钟内不能入睡）

（1）无　（2）<1 次/周　（3）1～2 次/周　（4）≥3 次/周

b. 夜间易醒或早醒

（1）无　（2）<1 次/周　（3）1～2 次/周　（4）≥3 次/周

c. 夜间去厕所

（1）无　（2）<1 次/周　（3）1～2 次/周　（4）≥3 次/周

d. 呼吸不畅

（1）无　（2）<1 次/周　（3）1～2 次/周　（4）≥3 次/周

e. 咳嗽或鼾声高

（1）无　（2）<1 次/周　（3）1～2 次/周　（4）≥3 次/周

f. 感觉冷

（1）无　（2）<1 次/周　（3）1～2 次/周　（4）≥3 次/周

g. 感觉热

（1）无　（2）<1 次/周　（3）1～2 次/周　（4）≥3 次/周

h. 做噩梦

（1）无　（2）<1 次/周　（3）1～2 次/周　（4）≥3 次/周

i. 疼痛不适

（1）无　（2）<1 次/周　（3）1～2 次/周　（4）≥3 次/周

j. 其他影响睡眠的事情

（1）无　（2）<1 次/周　（3）1~2 次/周　（4）≥3 次/周

如有，请说明：

6. 近 1 个月，总的来说，您认为自己的睡眠质量

（1）很好　（2）较好　（3）较差　（4）很差

7. 近 1 个月，您用药物催眠的情况

（1）无　（2）<1 次/周　（3）1~2 次/周　（4）≥3 次/周

8. 近 1 个月，您常感到困倦吗

（1）无　（2）<1 次/周　（3）1~2 次/周　（4）≥3 次/周

9. 近 1 个月，您做事情的精力不足吗

（1）没有　（2）偶尔有　（3）有时有　（4）经常有

睡眠质量得分（　　），入睡时间得分（　　），睡眠时间得分（　　），睡眠效率得分（　　），睡眠障碍得分（　　），催眠药物得分（　　），日间功能障碍得分（　　），PSQI 总分（　　）。

检查者：

量表使用和统计方法：PSQI 用于评定被试最近 1 个月的睡眠质量，由 19 个自评和 5 个他评条目构成，其中第 19 个自评条目和 5 个他评条目不参与计分，在此仅介绍参与计分的 18 个自评条目。18 个自评条目形成 7 个计分项目，每个计分项目按 0~3 等级计分，累积各项目得分为 PSQI 总分，总分范围为 0~21 分，得分越高，表示睡眠质量越差。被试完成问卷需要 5~10 分钟。

各项目含义及计分方法如下：

（1）睡眠质量：根据条目 6 的应答计分，很好计 0 分，较好计 1 分，较差计 2 分，很差计 3 分。

（2）入睡时间：

①条目 2 的计分，≤15 分钟计 0 分，16~30 分钟计 1 分，31~60 分钟计 2 分，≥60 分钟计 3 分。

②条目 5a 的计分，无计 0 分，<1 次/周计 1 分，1~2 次/周计 2 分，≥3

次/周计 3 分。

③累加条目 2 和 5a 的计分，若累加分为 0 计 0 分，1 ~2 计 1 分，3 ~4 计 2 分，5 ~6 计 3 分。

（3）睡眠时间：根据条目 4 的应答计分，>7 小时计 0 分，6 ~7 小时计 1 分，5 ~6 小时计 2 分，<5 小时计 3 分。

（4）睡眠效率：

①床上时间 = 条目 3（起床时间） - 条目 1（上床时间）。

②睡眠效率 = 条目 4（睡眠时间）/ 床上时间 × 100%。

③睡眠效率计分位，睡眠效率 > 85% 计 0 分，75% ~84% 计 1 分，65% ~74% 计 2 分，< 65% 计 3 分。

（5）睡眠障碍：根据条目 5b 至 5j 的计分，无计 0 分，<1 次/周计 1 分，1 ~2 次/周计 2 分，≥3 次/周计 3 分。累加条目 5b 至 5j 的计分，若累加分为 0 则睡眠障碍计 0 分，1 ~9 计 1 分，10 ~18 计 2 分，19 ~27 计 3 分。

（6）催眠药物：根据条目 7 的应答计分，无计 0 分，<1 次/周计 1 分，1 ~2 次/周计 2 分，≥3 次/周计 3 分。

（7）日间功能障碍：

①根据条目 8 的应答计分，无计 0 分，<1 次/周计 1 分，1 ~2 次/周计 2 分，≥3 次/周计 3 分。

②根据条目 9 的应答计分，没有计 0 分，偶尔有计 1 分，有时有计 2 分，经常有计 3 分。

③累加条目 8 和 9 的得分，若累加分为 0 则日间功能障碍计 0 分，1 ~2 计 1 分，3 ~4 计 2 分，5 ~6 计 3 分。

PSQI 总分为 7 个项目之和。

评价等级：

0 ~5 分：睡眠质量很好。

6 ~10 分：睡眠质量还行。

11 ~15 分：睡眠质量一般。

16 ~21 分：睡眠质量很差。

二、防御方式问卷

（一）简介

防御方式问卷（Defense Style Questionnaire，DSQ）是由 M. Bond（加拿

大）于1983年编制的一种自评问卷，分别于1986年和1989年两次修订。目的是为了收集较完整的防御机制资料，适用于正常人及各种精神障碍患者。

（二）项目及评定标准

DSQ共包括88个项目，包括比较广泛的防御行为，即从成熟的到不成熟的。每个项目均采用1~9的九级评定方法，较为细致。

（三）评定注意事项

表格由评定对象自行填写，在评定前，应先由工作人员把总的评分方法和要求向被试交代清楚（即弄清指导语）。待把问题确实弄清后，才能做出独立的、不受任何影响的自我评定。对于文化程度低的被试，可由工作人员逐项念给他听，并以中性的态度，不带任何偏向地把问题本身的意思告诉他，最好用铅笔填写，一般需要30~40分钟。

此外，在评定结束时，工作人员应仔细检查自评表，以免出现漏评或评定不明确。此问卷测试的是习惯化的行为方式，评定的时间范围应适当延长。

（四）测试内容

指导语：

请仔细阅读每一个问题，然后根据自己的实际情况认真填写，不要去猜测怎样才是正确的答案，因为这里不存在正确或错误的问题，也无故意捉弄人的问题。每个问题有9个答案分别用1、2、3、4、5、6、7、8、9来表示：

1. 完全反对。
2. 很反对。
3. 比较反对。
4. 稍微反对。
5. 既不反对也不同意。
6. 稍微同意。
7. 比较同意。
8. 很同意。
9. 完全同意。

请注意：每个问题只有一个答案，圈上相应的数字。每个问题都要回答，把方法看懂后再答题。全表共有88个问题。

举例：北京是中国的首都

完全不同意 1、 2、 3、 4、 5、 6、 7、 8、 9 完全同意

注：反对 = 不同意

1. 我通过帮助他人而获得满足，如果不这样做，我就会变得情绪抑郁。

完全不同意 1、 2、 3、 4、 5、 6、 7、 8、 9 完全同意

2. 人们常说我是个脾气暴躁的人。

完全不同意 1、 2、 3、 4、 5、 6、 7、 8、 9 完全同意

3. 在我没有时间处理某个棘手的事情时，我可以把它搁置一边。

完全不同意 1、 2、 3、 4、 5、 6、 7、 8、 9 完全同意

4. 人们总是不公平地对待我。

完全不同意 1、 2、 3、 4、 5、 6、 7、 8、 9 完全同意

5. 我通过做一些积极的或创见性的事情来摆脱自己的焦虑不安，如绘画、做木工活等。

完全不同意 1、 2、 3、 4、 5、 6、 7、 8、 9 完全同意

6. 偶尔，我把一些今天该做的事情推迟到明天再做。

完全不同意 1、 2、 3、 4、 5、 6、 7、 8、 9 完全同意

7. 我不知道为什么总是遇到相同的受挫折情境。

完全不同意 1、 2、 3、 4、 5、 6、 7、 8、 9 完全同意

8. 我能够相当轻松地嘲笑我自己。

完全不同意 1、 2、 3、 4、 5、 6、 7、 8、 9 完全同意

9. 我受到挫折时，表现就像个孩子。

完全不同意 1、 2、 3、 4、 5、 6、 7、 8、 9 完全同意

10. 在维护我的利益方面，我羞于与人计较。

完全不同意 1、 2、 3、 4、 5、 6、 7、 8、 9 完全同意

11. 我比认识人中的大多数都强。

完全不同意 1、 2、 3、 4、 5、 6、 7、 8、 9 完全同意

12. 人们往往虐待我。

完全不同意 1、 2、 3、 4、 5、 6、 7、 8、 9 完全同意

13. 如果某人骗了我或偷了我的钱，我宁愿他得到帮助，而不是受惩罚。

完全不同意 1、 2、 3、 4、 5、 6、 7、 8、 9 完全同意

14. 偶尔，我想一些坏得不能说出口的事情。

完全不同意　1、　2、　3、　4、　5、　6、　7、　8、　9　完全同意

15. 偶尔，我因一些下流的笑话而大笑。

完全不同意　1、　2、　3、　4、　5、　6、　7、　8、　9　完全同意

16. 人们说我像一只鸵鸟，把自己埋入沙中，换句话说，我往往有意忽略一些不愉快的事情。

完全不同意　1、　2、　3、　4、　5、　6、　7、　8、　9　完全同意

17. 我常常不能竭尽全力地与人竞争。

完全不同意　1、　2、　3、　4、　5、　6、　7、　8、　9　完全同意

18. 我常感到我比和我一起的人强。

完全不同意　1、　2、　3、　4、　5、　6、　7、　8、　9　完全同意

19. 某人正在想剥夺我所得到的一切。

完全不同意　1、　2、　3、　4、　5、　6、　7、　8、　9　完全同意

20. 我有时会发怒。

完全不同意　1、　2、　3、　4、　5、　6、　7、　8、　9　完全同意

21. 我时常在某种内在力量的驱使下，不由自主地做出某些行为。

完全不同意　1、　2、　3、　4、　5、　6、　7、　8、　9　完全同意

22. 我宁愿饿死也不愿被迫吃饭。

完全不同意　1、　2、　3、　4、　5、　6、　7、　8、　9　完全同意

23. 我常常故意忽视一些危险，似乎我是个超人。

完全不同意　1、　2、　3、　4、　5、　6、　7、　8、　9　完全同意

24. 我以有贬低别人威望的能力而自豪。

完全不同意　1、　2、　3、　4、　5、　6、　7、　8、　9　完全同意

25. 人们告诉我：我总有被害的感觉。

完全不同意　1、　2、　3、　4、　5、　6、　7、　8、　9　完全同意

26. 有时感觉不好时，我就发脾气。

完全不同意　1、　2、　3、　4、　5、　6、　7、　8、　9　完全同意

27. 当某些事情使我烦恼时，我常常不由自主地做出某些行为。

完全不同意　1、　2、　3、　4、　5、　6、　7、　8、　9　完全同意

28. 当遇事不顺心时，我就会生病。

完全不同意　1、　2、　3、　4、　5、　6、　7、　8、　9　完全同意

29. 我是一个很有自制力的人。

完全不同意　1、　2、　3、　4、　5、　6、　7、　8、　9　完全同意

30. 我简直就像一个不得志的艺术家一样。

完全不同意 1、 2、 3、 4、 5、 6、 7、 8、 9 完全同意

31. 我不总是说真话。

完全不同意 1、 2、 3、 4、 5、 6、 7、 8、 9 完全同意

32. 当我感到自尊心受伤害时，我就会回避。

完全不同意 1、 2、 3、 4、 5、 6、 7、 8、 9 完全同意

33. 我常常不由自主地迫使自己干些过头的事情，以至于其他人不得不限制我。

完全不同意 1、 2、 3、 4、 5、 6、 7、 8、 9 完全同意

34. 我的朋友们把我看作乡下佬。

完全不同意 1、 2、 3、 4、 5、 6、 7、 8、 9 完全同意

35. 在我愤怒的时候，我常常回避。

完全不同意 1、 2、 3、 4、 5、 6、 7、 8、 9 完全同意

36. 我往往对那些确实对我友好的人，比我应该怀疑的人保持更高的警惕性。

完全不同意 1、 2、 3、 4、 5、 6、 7、 8、 9 完全同意

37. 我已学得特殊的才能，足以使我毫无问题地度过一生。

完全不同意 1、 2、 3、 4、 5、 6、 7、 8、 9 完全同意

38. 有时，在选举的时候我往往选那些我几乎不了解的人。

完全不同意 1、 2、 3、 4、 5、 6、 7、 8、 9 完全同意

39. 我常常不能按时赴约。

完全不同意 1、 2、 3、 4、 5、 6、 7、 8、 9 完全同意

40. 我幻想得多，可现实生活中做得少。

完全不同意 1、 2、 3、 4、 5、 6、 7、 8、 9 完全同意

41. 我羞于与人打交道。

完全不同意 1、 2、 3、 4、 5、 6、 7、 8、 9 完全同意

42. 我什么都不怕。

完全不同意 1、 2、 3、 4、 5、 6、 7、 8、 9 完全同意

43. 有时我认为我是个天使，有时我认为我是个恶魔。

完全不同意 1、 2、 3、 4、 5、 6、 7、 8、 9 完全同意

44. 在比赛时，我宁要赢而不愿输。

完全不同意 1、 2、 3、 4、 5、 6、 7、 8、 9 完全同意

45. 在我愤怒的时候，我变得很愿意挖苦人。

完全不同意 1、 2、 3、 4、 5、 6、 7、 8、 9 完全同意

46. 在我自尊心受到伤害时，我就公开还击。

完全不同意 1、 2、 3、 4、 5、 6、 7、 8、 9 完全同意

47. 我认为当我受到伤害时，我就应该翻脸。

完全不同意 1、 2、 3、 4、 5、 6、 7、 8、 9 完全同意

48. 我每天读报，但不是每个版都读。

完全不同意 1、 2、 3、 4、 5、 6、 7、 8、 9 完全同意

49. 我沮丧时，就会避开。

完全不同意 1、 2、 3、 4、 5、 6、 7、 8、 9 完全同意

50. 我对性的问题感到害羞。

完全不同意 1、 2、 3、 4、 5、 6、 7、 8、 9 完全同意

51. 我总是感到我所认识的某个人像个保护神。

完全不同意 1、 2、 3、 4、 5、 6、 7、 8、 9 完全同意

52. 我的处世哲学是“非理勿信，非理勿做，非理勿视”。

完全不同意 1、 2、 3、 4、 5、 6、 7、 8、 9 完全同意

53. 我认为：人有好坏之分。

完全不同意 1、 2、 3、 4、 5、 6、 7、 8、 9 完全同意

54. 如果我的上司惹我生气，我可能会在工作中找麻烦或磨洋工，以报复他。

完全不同意 1、 2、 3、 4、 5、 6、 7、 8、 9 完全同意

55. 每个人都和我对着干。

完全不同意 1、 2、 3、 4、 5、 6、 7、 8、 9 完全同意

56. 我往往对那些我讨厌的人表示友好。

完全不同意 1、 2、 3、 4、 5、 6、 7、 8、 9 完全同意

57. 如果我乘坐的飞机的一个发动机失灵，我就会非常紧张。

完全不同意 1、 2、 3、 4、 5、 6、 7、 8、 9 完全同意

58. 我认识这样一个人，他什么都能做而且做得合理正直。

完全不同意 1、 2、 3、 4、 5、 6、 7、 8、 9 完全同意

59. 如果我感情的发泄会妨碍我正从事的事业，那么我就能控制住它。

完全不同意 1、 2、 3、 4、 5、 6、 7、 8、 9 完全同意

60. 一些人正在密谋要害我。

完全不同意 1、 2、 3、 4、 5、 6、 7、 8、 9 完全同意

61. 我通常可以看到恶境中好的一面。

完全不同意 1、 2、 3、 4、 5、 6、 7、 8、 9 完全同意

62. 在我不得不去做一些我不愿做的事情时，我就头痛。

完全不同意 1、 2、 3、 4、 5、 6、 7、 8、 9 完全同意

63. 我常常发现我对那些理应仇视的人，表示很友好。

完全不同意 1、 2、 3、 4、 5、 6、 7、 8、 9 完全同意

64. 我认为“人人都有善意”是不存在的，如果你不好，那么你一切都不好。

完全不同意 1、 2、 3、 4、 5、 6、 7、 8、 9 完全同意

65. 我决不会对那些讨厌的人表示愤怒。

完全不同意 1、 2、 3、 4、 5、 6、 7、 8、 9 完全同意

66. 我确信生活对我是不公正的。

完全不同意 1、 2、 3、 4、 5、 6、 7、 8、 9 完全同意

67. 在严重的打击下，我就会垮下来。

完全不同意 1、 2、 3、 4、 5、 6、 7、 8、 9 完全同意

68. 在我意识到不得不面临一场困境的时候，如考试、招工会谈，我就试图想象它会如何，并计划出一些办法去应付它。

完全不同意 1、 2、 3、 4、 5、 6、 7、 8、 9 完全同意

69. 医生们决不会真的弄清我患的是什么病。

完全不同意 1、 2、 3、 4、 5、 6、 7、 8、 9 完全同意

70. 当某个和我很亲近的人死去时，我并不悲伤。

完全不同意 1、 2、 3、 4、 5、 6、 7、 8、 9 完全同意

71. 在我为了利益和人争斗之后，我往往因为我的粗鲁而向人道歉。

完全不同意 1、 2、 3、 4、 5、 6、 7、 8、 9 完全同意

72. 发生与我有关的大部分事情并不是我的责任。

完全不同意 1、 2、 3、 4、 5、 6、 7、 8、 9 完全同意

73. 当我感觉情绪压抑或焦虑不安时，吃点东西，可以使我感觉好些。

完全不同意 1、 2、 3、 4、 5、 6、 7、 8、 9 完全同意

74. 勤奋工作使我感觉好些。

完全不同意 1、 2、 3、 4、 5、 6、 7、 8、 9 完全同意

75. 医生不能真的帮我解决问题。

完全不同意　1、　2、　3、　4、　5、　6、　7、　8、　9　完全同意

76. 我常听人们说我不暴露自己的感情。

完全不同意　1、　2、　3、　4、　5、　6、　7、　8、　9　完全同意

77. 我认为，人们在看电影、戏剧或书籍时，对其所领悟的意义，比这些作品所要表达的意义要多。

完全不同意　1、　2、　3、　4、　5、　6、　7、　8、　9　完全同意

78. 我感觉到我有一些不由自主要去做的习惯或仪式行为，并给我带来很多麻烦。

完全不同意　1、　2、　3、　4、　5、　6、　7、　8、　9　完全同意

79. 当我紧张时，就喝酒或吃药。

完全不同意　1、　2、　3、　4、　5、　6、　7、　8、　9　完全同意

80. 当我心情不愉快时，就想和别人待在一起。

完全不同意　1、　2、　3、　4、　5、　6、　7、　8、　9　完全同意

81. 如果我能够预感到我会沮丧的话，我就能更好地应付它。

完全不同意　1、　2、　3、　4、　5、　6、　7、　8、　9　完全同意

82. 无论我怎样发牢骚，从未得到过满意的结果。

完全不同意　1、　2、　3、　4、　5、　6、　7、　8、　9　完全同意

83. 我常常发现当环境引起我强烈的情绪反应时，我就会麻木不仁。

完全不同意　1、　2、　3、　4、　5、　6、　7、　8、　9　完全同意

84. 忘我地工作，可使我摆脱情绪上的忧郁和焦虑。

完全不同意　1、　2、　3、　4、　5、　6、　7、　8、　9　完全同意

85. 紧张的时候，我就吸烟。

完全不同意　1、　2、　3、　4、　5、　6、　7、　8、　9　完全同意

86. 如果我陷入某种危机时，我就会寻找另一个和我具有同样命运的人。

完全不同意　1、　2、　3、　4、　5、　6、　7、　8、　9　完全同意

87. 如果我做错了事情，不能受责备。

完全不同意　1、　2、　3、　4、　5、　6、　7、　8、　9　完全同意

88. 如果我有攻击他人的想法，我就感觉有种做点事情的需要，以转移这种想法。

完全不同意　1、　2、　3、　4、　5、　6、　7、　8、　9　完全同意

（五）统计指标

1. 四个因子分及因子均分

各因子分别为其所属各防御机制分之和。

因子均分 = 因子分/因子所属条目数。

因子均分反映的是被试在某因子上自我评价介于 1 ~9 的哪种程度。四个因子分别为成熟防御机制、中间型防御机制、不成熟防御机制、掩饰因子。如越靠近 9 即应用某类机制的频度越大，其掩饰度则越小。

2. 各防御机制分及均分

各防御机制分为反映该机制项目评分之和。

防御机制均分 = 防御机制分/防御机制所属条目数。

此指标目的在于了解被试在某防御机制上，自我评价介于 1 ~9 的哪种程度。即越接近 9，应用此种防御机制的频度越大。

（1）因子 1：不成熟防御机制（列出所属防御机制及反映相应防御机制条目，下同）。

投射：4、12、25、36、55、60、66、72、87

被动攻击：2、22、39、45、54

潜意显现：7、21、27、33、46

抱怨：69、75、82

幻想：40

分裂：43、53、64

退缩：9、67

躯体化：28、62

（2）因子 2：成熟防御机制。

升华：5、74、84

压抑：3、59

幽默：8、61、34

（3）因子 3：中间型防御机制。

反作用形成：13、47、56、63、65

解除：71、78、88

制止：10、17、29、41、50

回避：32、35、49

理想化：51、58

假性利他：1

伴无能之全能：11、18、23、24、30、37

隔离：70、76、77、83

同一化：19

否认：16、42、52

交往倾向：80、86

消耗倾向：73、79、85

期望：68、81

（4）因子4：掩饰因子。

6、14、15、20、26、31、38、44、48、57

以往了解防御机制的方法，主要是会谈和自传分析。应用此问卷能够较全面、省时地收集较标准的资料，便于比较和研究。此问卷能够提供一个连续的心理社会成熟程度指标，不仅适用于研究正常人的防御行为，也适用于各种精神障碍和躯体疾病患者的防御行为。

三、监区文化适应性问卷

（一）简介

监区文化适应性问卷由华中师范大学硕士闫林编制，包括诚、信、和、善四个维度，问卷内部一致性系数为0.839，结构效度GFI值0.832，问卷具有良好的信效度。

（二）问卷内容

指导语：

测验由36个题目组成，主要是与诚、信、和、善监区文化相关的问题。每题有A、B、C、D、E五个选项，结合自己的实际情况进行选择，作答时注意以下几点：

1. 回答问题无所谓对错，要表达自己的观点，不能抄袭。
2. 回答时不要在每道题目上做太多思索。
3. 回答时不要考虑应该怎样，只回答你平时的真实情况，尽量不选择“不确定”。
4. 每个题都要回答，不能漏题。

5. 每个题只能选择一个选项。

6. 将答案标记在选择项下，打勾。

题目：

1. 入狱后，我能深刻地感受到犯罪带给自己的伤害。

A. 是　B. 大部分是　C. 不确定　D. 大部分不是　E. 不是

2. 服刑时，我能真诚对待周围的人和事。

A. 是　B. 大部分是　C. 不确定　D. 大部分不是　E. 不是

3. 我有信心通过自己的努力早日减刑回家。

A. 是　B. 大部分是　C. 不确定　D. 大部分不是　E. 不是

4. 当信仰与监规纪律冲突时，我会坚持自己的信仰。

A. 是　B. 大部分是　C. 不确定　D. 大部分不是　E. 不是

5. 我认为信誉取决于良好的改造成绩。

A. 是　B. 大部分是　C. 不确定　D. 大部分不是　E. 不是

6. 当同班组的服刑人员发生矛盾时，我能够帮助调节。

A. 是　B. 大部分是　C. 不确定　D. 大部分不是　E. 不是

7. 与家人谈话时，我能够平心静气地交流。

A. 是　B. 大部分是　C. 不确定　D. 大部分不是　E. 不是

8. 我认为自己不是一个善良的人。

A. 是　B. 大部分是　C. 不确定　D. 大部分不是　E. 不是

9. 服刑时我能够遵规守纪，严格约束自己的一言一行。

A. 是　B. 大部分是　C. 不确定　D. 大部分不是　E. 不是

10. 我能够控制和调节自己的不良情绪。

A. 是　B. 大部分是　C. 不确定　D. 大部分不是　E. 不是

11. 我能够适应并善待周围的服刑环境。

A. 是　B. 大部分是　C. 不确定　D. 大部分不是　E. 不是

12. 在电话或信中，我不愿如实告诉家人目前的改造情况。

A. 是　B. 大部分是　C. 不确定　D. 大部分不是　E. 不是

13. 我能够真心诚意地去服刑以改变自己的缺点。

A. 是　B. 大部分是　C. 不确定　D. 大部分不是　E. 不是

14. 当违反监规纪律后，我能够诚恳地接受批评。

A. 是　B. 大部分是　C. 不确定　D. 大部分不是　E. 不是

15. 我有信心通过服刑改变自己。

A. 是　B. 大部分是　C. 不确定　D. 大部分不是　E. 不是

16. 监区其他服刑人员不能同我和睦相处。

A. 是　B. 大部分是　C. 不确定　D. 大部分不是　E. 不是

17. 我能够对其他服刑人员态度和蔼，文明礼让。

A. 是　B. 大部分是　C. 不确定　D. 大部分不是　E. 不是

18. 我能够融入监区改造氛围中去。

A. 是　B. 大部分是　C. 不确定　D. 大部分不是　E. 不是

19. 我认为不认真改造也能减刑回家。

A. 是　B. 大部分是　C. 不确定　D. 大部分不是　E. 不是

20. 我认为“学习是服刑的主要目的”。

A. 是　B. 大部分是　C. 不确定　D. 大部分不是　E. 不是

21. 我能够善待周围的服刑人员。

A. 是　B. 大部分是　C. 不确定　D. 大部分不是　E. 不是

22. 服刑时，我能够真诚地从内心反省自己的过错。

A. 是　B. 大部分是　C. 不确定　D. 大部分不是　E. 不是

23. 犯了错误，我能坦诚相告。

A. 是　B. 大部分是　C. 不确定　D. 大部分不是　E. 不是

24. 服刑时，我有自己的信仰。

A. 是　B. 大部分是　C. 不确定　D. 大部分不是　E. 不是

25. 服刑时，我不能诚恳地对待自己的现实处境。

A. 是　B. 大部分是　C. 不确定　D. 大部分不是　E. 不是

26. 管理我的警官对我讲信誉。

A. 是　B. 大部分是　C. 不确定　D. 大部分不是　E. 不是

27. 我没有信心度过漫长的刑期。

A. 是　B. 大部分是　C. 不确定　D. 大部分不是　E. 不是

28. 我认为“诚实改造是早日回家的唯一出路”。

A. 是　B. 大部分是　C. 不确定　D. 大部分不是　E. 不是

29. 信仰是支撑我改造的主要动力。

A. 是　B. 大部分是　C. 不确定　D. 大部分不是　E. 不是

30. 服刑时，我愿意对他人讲信誉。

A. 是　B. 大部分是　C. 不确定　D. 大部分不是　E. 不是

31. 服刑时，我的家庭还像以往一样和谐。

A. 是　B. 大部分是　C. 不确定　D. 大部分不是　E. 不是

32. 监区警官对我不和蔼。

A. 是　B. 大部分是　C. 不确定　D. 大部分不是　E. 不是

33. 当其他服刑人员遇到困难时，我能主动去帮助他。

A. 是　B. 大部分是　C. 不确定　D. 大部分不是　E. 不是

34. 我能和同监舍室友和睦相处。

A. 是　B. 大部分是　C. 不确定　D. 大部分不是　E. 不是

35. 我不善于营造良好的改造氛围。

A. 是　B. 大部分是　C. 不确定　D. 大部分不是　E. 不是

36. 监区的改造氛围很和谐。

A. 是　B. 大部分是　C. 不确定　D. 大部分不是　E. 不是

（三）计分方法

问卷采用级评分制，每个项目有 A、B、C、D、E 五个选项，分别对应是、大部分是、不确定、大部分不是、不是这五个答案，对应计分为 5、4、3、2、1 分，其中 4、8、12、16、19、25、27、32、35 题为反向计分 1、2、3、4、5 分。此问卷得分越高，表示监区文化适应性越强。

第三节　矫治方案

一、个体心理辅导方案

1. 长期咨询目标

（1）减轻情绪和躯体症状的困扰，保证足够的睡眠时间。

（2）学习新的语言习惯，培养新的起居生活习惯。

（3）适应监狱特殊的管理方式，由他律转为自律。

（4）提高人际交往能力，与其他服刑人员和干警建立和谐的人际关系。

（5）在新环境中勇于展现自己，树立自信心。

2. 短期咨询目标

目标 A：对服刑人员目前的心理健康状态和心理问题严重程度进行评估。

（1）运用倾听、共情、情感反应等技术，与服刑人员建立良好的咨询关系，了解其成长史、家庭情况、人际交往及当前服刑状况等。

（2）采用 SCL－90、MMPI、焦虑自评量表、抑郁自评量表、防御方式问卷等对服刑人员的情绪、人格、适应能力进行全方位的评估。

目标 B：优先解决服刑人员的睡眠障碍、肠胃不适等躯体化症状。

（1）指导存在睡眠障碍的服刑人员学习肌肉放松技术、想象放松技术，进行睡前放松训练，降低睡前焦虑；指导学习睡眠时间管理方法；实施认知疗法，纠正关于睡眠重要性的观念。

（2）指导学习中医养生气功“八段锦”和“太极拳”等，养身健体，辅助睡眠。

（3）对胃肠不适、水土不服的服刑人员，实施饮食调节，必要时转诊专科医生。

目标 C：引导服刑人员转移思乡、恋旧情结，缓解由此带来的悲伤、沮丧情绪。

（1）布置服刑人员写日记，记录其对于家乡和亲人的思念，以及对犯罪行为的悔恨等。

（2）鼓励来访的服刑人员积极与他人交往，转移其对过去的回忆，逐渐消除对当前环境的不满。

（3）采用去中心化的技术，鼓励服刑人员与周围人主动讨论监狱生活的苦闷和不适，了解和观察其他服刑人员的反应和做法，避免自以为孤独的想法。

目标 D：帮助来访的服刑人员克服环境陌生感，建立归属感。

（1）鼓励服刑人员加强对所在监狱、监区、模范服刑人员、监狱的规章制度等方面的了解，尽快熟悉监狱环境。

（2）鼓励服刑人员向干警了解情况，协助自己解决遇到的困难。

目标 E：鼓励提高日常生活技能，合理安排时间，形成良好的作息习惯。

（1）观察身边适应能力强的服刑人员的态度和生活习惯，不断学习新的生活技能，提高独立的分析和决策能力。

（2）鼓励服刑人员在不违背监狱管理规定的前提下，适当安排锻炼身体的时间，积极参加体育竞赛活动。

目标 F：鼓励服刑人员提升人际交往能力，建立新的社会支持系统。

（1）引导来访的服刑人员提高对改善人际关系、建立新的社会支持系统重要性的认识，认识人际关系与自我发展和心理健康的关系。

（2）运用合理情绪疗法，帮助服刑人员识别自己在人际冲突中的自动思维，并帮助其认识到正是这些想法引起愤怒、焦虑、恐惧等情绪，而这些负性情绪进一步阻碍了自己与他人的正常交往。这些想法常见的有“别人都想占我的便宜”“别人总是很虚伪”“别人总是瞧不起我”“我从来就不愿意求人”等。针对服刑人员的不合理观念，通过面对面或角色扮演等方法帮助服刑人员认识和纠正这些非理性认知。

（3）运用空椅子对话技术中的“他人对话式”，引导服刑人员与设想中的交往对象展开对话，引导服刑人员学会换位思考，设身处地站在他人的角度观察与思考问题。

目标G：帮助服刑人员学会面对挫折，并理解理想与现实的差距。

（1）与服刑人员就遭遇的某一个挫折事件进行讨论，反思在处理这些事件过程中所采取的行为是否恰当，使其认识到同一件事可以有不同的选择，学会做出最佳的选择，认识到挫折是可以预防和避免的。

（2）阅读小说《钢铁是怎样炼成的》或观看电影《阿甘正传》，学习主人公执着的信念和坚韧的毅力，学习主人公不甘平庸的奋斗精神。

二、团体心理辅导方案

（一）活动1：挫折教育

主题：帮助服刑人员应对挫折。

活动目的：

（1）让服刑人员学会接纳自己，懂得珍惜现在所拥有的资源，感知幸福。

（2）让服刑人员懂得“命运掌握在自己手中”。

活动内容：生命蜘蛛网、解方程式、命运之牌。

挫折，是个体在从事有目的的活动中遇到障碍和干扰，或是个体的目的未达到、需要未满足时的情绪状态。它具有双重性：一方面，使人感到痛苦和失望，严重时产生消极对抗情绪，甚至使人悲观失望、放弃自我；另一方面，挫折可以使人奋起，促进人走向成熟和坚强，从而走向成功。正确地认识挫折，并不是一件容易的事。在挫折中，人的许多不理智的反应、不正确的行动，都与缺乏对挫折的正确认识有关。因此，增强挫折承受力首先应当树立正确的挫折观。

挫折的特性：

（1）挫折的存在具有普遍性。人在社会中生活会有种种需求，就会有因需求得不到满足或目标无法实现而产生的挫折。可以说，挫折就是生活的一部分。每一个人都会遇到各种不幸和厄运。“一帆风顺”“万事如意”“心想事成”只是人们的良好愿望而已。纵观古今，许多有成就的科学家、文学家、政治家大都是从逆境和坎坷中磨砺过来的。所以说，人生路上有坎坷、有挫折是自然的、正常的，如同自然界的万事万物一样，都是在曲折中前进的。人对挫折没有正确认识和心理准备，遇到挫折和压力就会惊慌失措，痛苦绝望；而有了正确的挫折观，就能做好充分的心理准备，正确地对待挫折，不断进步。

（2）挫折具有双重性。世界上的任何事物都是一分为二的，挫折也是如此。挫折无疑会给人以打击，带来痛苦，但也能使人奋起，从中得到锻炼。曾国藩说：“盘根错节，可以验我之才；波流风靡，可以验我之操；艰难险阻，可以验我之思；震撼折衡，可以验我之力；含垢忍辱，可以验我之量。”挫折对于弱者来说，往往能够使其泯灭意志，导致其消沉。而对于强者来说，则是塑造自身的刻刀。

挫折对于人的心理健康的积极影响在于：有利于人们更清楚地认识自己，认识自己所处的环境，不断调整自己，发挥最大潜能，更好地适应环境和改善环境。人的心理也正是在与挫折的不断斗争中才变得更加成熟、更加坚强、更加健康的。

但是，过于强烈、持续的挫折对于人的心理健康是极为不利的。许多心理障碍和心理疾病就是由于连续受到挫折而又不能很好地调整而产生的。具体来说，挫折影响着个体的自我意识和对客观环境的正确认识，影响着个体的思维活动和情绪反应，影响着个体的能力发展等等。如果挫折的出现过于强烈或频繁，超过了人的承受能力，使人长期处于高度紧张状态之中，最终就会导致心理失衡和心理疾病的出现。

活动过程：

1. 生命蜘蛛网

“猜猜今天的主角是谁?”以暗示的方式让成员猜，题目如下：

是一种动物，
生长在陆地上，
会爬的，
雌的大过雄的，
大部分女生会怕的，
会捕捉蚊子与苍蝇，

外表黑黑的，
有八只脚，
会出现在屋子的墙角，
会结网。

猜出谜底之后，将之联系到生命蜘蛛网。

2. 解方程式

成员围成一圈，双手张开，握住相邻第二位成员的手，想办法解成一个圈，但过程中手不能松开，讨论：

（1）当蜘蛛被大风一吹，就会有什么样的感觉？

（2）主持人引导团队成员一起来练习“生命蜘蛛网”，上面有很多的格子，当你面对挫折的时候，你会愿意找谁来拉你一把（写在纸上）。

（3）团队成员想想自己生命蜘蛛网上有哪些朋友、亲人，最内圈的是自己有挫折最先想到要找的，最外圈的则是较少会找的人。

（4）写完后主持人请成员看看自己的蜘蛛网上最内圈的人都填了哪些，并请大家一起分享彼此的经验和成效。

3. 命运之牌

活动材料：写有不同内容的小纸牌，背景为轻音乐。

指导语：

由于受到出生环境等各种因素的限制，每个人的命运是不同的。有的成员可能对自己的家庭环境不满意，有的成员可能对自己的长相不满意，也有的成员可能对目前的自己不满意……

假定每个人能够获得第二次生命，每个人的命运可以重新选择。我手中有很多纸牌，每张牌就是命运的一种重新安排，它所包含的资料就是你新的生活资料，从现在起，你就是牌上的这个人。设想一下你处在这种情况下的命运，看看自己目前的处境、位置与假设的第二次选择的处境相比，有什么不同？

主持人把纸牌放在一个盒子里，让成员们随机抽取一张，抽取后不得更换。

全体成员交流全新的“自己”，并询问是否满意牌上的“自己”。生命只有一次，你该怎样面对已经拥有的生活？

附：纸牌的内容。

（1）家中父母离异，经济困难，读书条件很差。

（2）自己不幸患了癌症，家里没有钱治疗。

（3）因家中意外发生火灾，脸部被大火烧伤，留下了一个难看的疤痕。

（4）自己的父母不幸患有重病，治疗花费了很多钱，家庭经济紧张。

（5）与周围的人人际关系很紧张，很不受大家的欢迎。

（6）自己患有小儿麻痹症，生活很不方便。

（7）自己一家三口挤在一个十多平方米的老房子里，食宿条件比较艰苦。

（8）自己的一条腿因在一次车祸中受重伤被截肢。

（9）以前家里很富有，现在却因意外事故而陷入经济拮据状态。

（10）自己经常受到别人的欺负，心里很忧郁。

注意事项：

（1）如有成员对自己抽取的纸牌不满意而要求更换，主持人可准备更差的纸牌，让图片显示比原纸牌更糟糕的生活，询问是否愿意更换。在游戏过程中，有的成员可能不太严肃认真，主持人要及时给予提醒。

（2）由于这个活动的内容有可能真的涉及成员的伤心处，如家庭离异的成员、身体外貌有缺陷的成员，所以主持人在游戏之前应该先跟成员座谈沟通，取得成员的同意。活动之前，主持人要为活动可能会给大家带来的负面效应表示歉意。

4. 分享时刻

（1）全体成员分享：结合你所知道的事例，谈谈挫折对人会造成什么影响？战胜了挫折会怎样？被挫折打倒后又怎样？

（2）主持人总结：

人生路上，每个人都会遇到挫折。挫折是人生的转机，有人因此沉沦，有人因此坚强。挫折可以磨炼我们的意志，帮助我们成长，使我们更有毅力，更有智能，更加成熟。但是遇到挫折，不能光靠勇气去战胜，而应该冷静分析挫折产生的原因，总结经验教训，更好地前进。

成功者勇于面对挫折，冷静分析困难，充满信心，并制订计划、创造条件努力实现目标，最终获得成功。失败者缺乏信心和勇气，表现出失意、烦恼、沮丧的情绪，觉得自己不行，没有能力，做不了，最终放弃奋斗，导致失败，甚至产生绝望的情绪。

【案例】

刘某，男，34岁，因犯绑架罪，被判有期徒刑13年。刘某入狱前经营一家餐馆，因与人发生矛盾，于是伙同他人，经预谋进行绑架报复。2006年9月24日23时许，刘某驾驶摩托车到日照市开发区棉纺厂附近抢夺胡某手机一部，以备绑架使用。2006年9月28日18时许，刘某驾驶面包车到新合村通往村委会的水泥路东段，将正在玩耍的李某劫持到面包车上。刘某9月29日、30日在不同地点多次向李某家人打电话索要赎金。30日22时许，李某被公安机关解救。

入狱后，刘某对别人的指责或羞辱总是不能忘怀，甚至一次小的争吵都会记恨多年。曾经因为在排队打亲情电话时插队被教导员当众批评，其内心接受不了，对排队打电话产生抵触情绪，三年没给家里打电话，至今还记恨教导员。一次在监舍值班时，因琐碎事情与人争吵，矛盾激化，与对方动手，刘某因面临减刑不想受处分而任由对方殴打，但此事让刘某感觉颜面扫地，无颜面对他人，并且感觉其他服刑人员开始瞧不起他，经常背后嘲笑他，导致与他人交往困难。刘某表示对自己当时的冲动感到后悔，但为时已晚，现在压力很大，感觉自己迟早会崩溃。

第一节 人际交往与人际关系概述

亚里士多德曾经说："能够独立生活的人，不是上帝就是动物。"我们每个人都处在复杂的社会关系网络中，都会与其他人发生社会关联。一个人如果完全脱离社会，将难以生存。和谐而又稳定的社会交往能够促进人的全面发展。了解人际交往的基本理论，结合服刑人员交往的特点和实际，学习有效的沟通技巧，可以帮助服刑人员在团体中积极、愉快地生活，顺利地适应新环境。

一、人际交往与人际关系的含义

（一）人际交往的含义

交往指人们运用语言或非语言符号交换意见、传达思想、表达感情和需要等交流过程，包括物质交往和精神交往。它是人类的特定社会现象，对于社会的发展和个性的成长有重要作用。

人际交往又称社会交往，是指个人与个人、个人与群体或群体与群体之间通过一定方式进行接触，从而在认知、情感和行为上相互影响的过程。

（二）人际关系的含义

人际关系是指人与人之间通过直接交往形成的相互之间的情感联系，反映了人们在交往过程中关系的深度、密切度、融洽性、协调性等心理层面的联系程度。人际关系的外延很广，包括夫妻关系、亲子关系、朋友关系、师生关系、同事关系、伙伴关系等。人际关系主要由认知、情感和行为三个因素构成。

“认知”就是个人对人际关系状况的认识和了解，是人际知觉的结果，良好的人际关系表现为认知上彼此肯定价值。“情感”包含了个人对人际交往的态度体验，良好的人际关系表现为情感上彼此喜欢和接纳。“行为”是双方在实际的交往过程中表现出来的外在结果，相互远离或相互亲近。

二、人际关系的建立

人际关系的建立和发展一般经过四个阶段：定向阶段、情感探索阶段、情感交流阶段、稳定交往阶段。

走好自己的新生路，让别人说去吧！

第一阶段是定向阶段。这个阶段主要包括个人对交往对象的注意、选择及初步沟通等方面的心理活动。例如，我们到一个公共场所，会选择性地注意某些人，对于注意到的对象会进行初步沟通，而对另外一些人则只是礼貌性地打招呼。这个交往阶段的重要特点就是个人只进行表层的自我表露，如谈谈自己的姓名、年龄、出生地等。

第二阶段是情感探索阶段。在这个阶段双方开始探索在哪些方面可以建立情感联系。随着话题的展开，可能会进一步地自我表露，如开始谈论对生活的感受、对某些事情的态度等。这时双方只会有一定程度的表露和情感投入，但不会谈及私密话题。

第三阶段是情感交流阶段。人际关系发展到这个阶段，交往的性质发生了重要变化。双方互相建立起信任感和安全感，开始谈论一些相对私人的问题，如家庭困扰、情感纠纷等。双方约束会减少，互相提供许多评价性的反馈信息，进行真诚的赞许或批评。

第四阶段是稳定交往阶段。双方成为亲密朋友，分享各自的生活空间、情感、财务等，自我表露广泛而深刻。

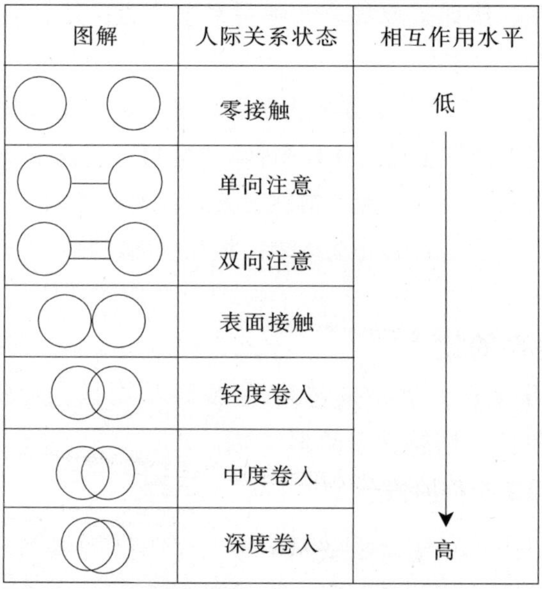

人际关系状态及相互作用水平图解

三、良好人际关系对服刑人员的意义

（一）有利于全面认识自我

每一个人在与他人进行交往沟通时，都会涉及对双方的评价。通过了解他人的评价，每个人能更加客观地认识自我的优点和不足。别人好的评价能增强自身自信心和双方的友谊，别人差的评价能让自己了解不足之处，通过努力改变，使自我逐步完善。

有些服刑人员由于犯罪被家人或社会歧视，产生自卑心理，通过和他人交往，相互间给予积极的评价，他们能更加客观地认识自我，提高自信心。在改造中服刑人员多少都会遇到难题，出现心理困惑，得到别人的及时指点和纠正就会避免再犯错。总之，通过与别人沟通会使服刑人员更加全面地认识自我、完善自我。

（二）有利于维系社会支持系统

良好的人际交往有利于维护每个人的社会支持系统。社会支持系统包括家庭支持、朋友社会支持和其他社会支持。

1. 与亲属的人际交往有利于维护家庭支持

家庭支持是指配偶、父母、子女、兄弟姐妹等较为亲密关系的支持。服刑人员进入监狱服刑后，可依靠的对象主要是亲属。服刑人员拥有良好的家庭支持，不仅有稳定的经济来源，更重要的是有精神上的支持，在改造中有信心和动力。

2. 与朋友的人际交往有利于维护朋友社会支持

朋友社会支持是指在人际交往中认识的朋友组成的社会支持。对于失去亲属或婚恋关系破裂的服刑人员，朋友成为其主要的支持。一方面，朋友会给予一定的经济支持；另一方面，当遇到改造生活或家庭问题导致情绪低落时，向朋友倾诉，可以缓解心理压力。

3. 与干警和其他服刑人员的人际交往有利于建立其他社会支持

其他社会支持的对象包括干警、其他服刑人员等。这些社会支持可以帮助服刑人员解决在服刑中遇到的困难，比如劳动、学习、生活上的困惑。

（三）有利于服刑人员走好改造之路

俗话说："近朱者赤，近墨者黑。"人际交往对服刑人员的正常改造起到重要的作用。服刑人员的改造行为很多时候会受到其他服刑人员的影响。与表现积极的服刑人员接触，可以学到健康、有利于改造的思想；反之，与一些违规抗改的服刑人员交往，则会接受不良思想，影响其改造方向。例如，服刑人员有违规意图时，如果有关系较好的服刑人员加以及时劝说，就可以避免违规行为的发生。

第二节　症状表现

一、服刑人员之间的人际交往障碍

1. 人际关系的紧张与冲突

部分服刑人员由于沟通技巧欠缺、性格内向、交往经验不足，常会为一点小事引起人际关系紧张。也有一些服刑人员由于虚荣心过强，会因为"面子"而与他人产生冲突。还有一些服刑人员情绪控制力差，遇到小事就会勃然大怒，受到别人反击后就会失去理智，从而引起矛盾冲突。例如，服刑人员刘某洗澡时，常将服刑人员陈某的香皂溅湿。陈某刚开始选择忍气吞声，没有及时向干警汇报，也不愿意与其他服刑人员说。有一天，陈某要求李某洗澡时不要随便碰其香皂，李某觉得莫名其妙，以为陈某故意挑衅，于是两个人发生冲突。

2. 人际交往的逃避与依赖

有些服刑人员缺乏对自己的正确评价，只看到自己的不足，无视自己的长处，在人际交往中产生自卑的心理。这部分人在人际交往中逃避与他人接触，过分在意他人对自己的评价或无法接受被他人拒绝，导致与他人交往时缺乏恰当的人际交往技巧。还有些服刑人员在人际交往中缺乏主见，对他人言听计从，过分依赖他人，从而导致人际交往的被动。

3. 人际交往的猜忌与冷漠

在监狱这个特殊的环境中，部分服刑人员产生猜疑的心理，使得他们在与他人交往时，由于对他人缺乏信任，会表现出一种戒备和敌对情绪。还有一些服刑人员在与他人交往时，总喜欢掩盖自己的真实想法、情感和需要，只重视自己的内心体验，因此对他人的行为和习惯难以理解，自我封闭，不与他人交往。对他人产生冷漠的心理，导致人际交往双方无法相互信任。

服刑人员间人际交往障碍的主要原因：

（1）个性原因。服刑人员中存在的狭隘嫉妒、敏感多疑、自卑、胆小羞怯、敌视仇恨及以自我为中心等造成人际交往障碍。

（2）家庭原因。一方面父母的教养方式对服刑人员的人际交往有影响，例如，冷漠型的教养方式会导致个体以自我为中心，缺乏人际交往的倾向性；另一方面服刑人员的家庭经济比较拮据，贫富差距导致有些服刑人员产生嫉妒的心理，造成人际交往障碍。

（3）环境原因。服刑人员居住空间狭小，人群组成复杂，封闭式的管理等环境因素造成人际交往障碍。

（4）区域文化原因。来自不同区域的服刑人员因文化习俗的差异会产生人际排斥。

在监狱，服刑人员与其他服刑人员一起生活、学习和劳动，其人际关系也将影响其他服刑人员的生活、学习和劳动。由此可见，服刑人员间建立良好的人际关系是非常有意义的。

二、服刑人员与干警之间的人际交往障碍

服刑人员与干警的人际交往是服刑人员重要的人际关系。干警和服刑人员的角色都具有不可自主选择的特点，两者是管理与被管理的关系，他们的目标和利益是一致的。干警管理角色的职责是严格执法和管理，创造一个稳定、秩序井然的改造环境。服刑人员被管理角色的职责是认真服刑改造，积极配合监狱的管理，维护良好的改造环境。

服刑人员与干警的人际交往冲突是由于服刑人员对干警执法行为的个性化管理风格的抵触、抗拒，以及干警按照职责、任务需要采取具体管理行为影响到服刑人员利益所引起的冲突。表现为服刑人员消极怠工，违反监规，甚至有直接指向干警的语言攻击等行为。例如，服刑人员刘某因不服从干警的岗位安排而受到扣分处理，内心非常抵触。他认为自己在原来岗位上劳动未出现错误，不需要调整，干警是有意“刁难”自己，想到被扣分后对当年的改造成绩造成严重影响，于是产生了愤怒、敌意、委屈等负性情绪。为了发泄情绪就在该干警当班时故意制造麻烦，当面顶撞，以图报复干警。

服刑人员与干警发生人际交往冲突，主要是由社会角色的不同造成的。干警作为执法者，其职责具有法定性和非自主性，其主要任务是执行有关法律制度、维护监管安全稳定和教育改造服刑人员。服刑人员具有有罪性和被强制性等特点，必须承担法定义务，在管理中处于被动接受的位置。这种角色上的不同，容易导致服刑人员与干警人际交往的冲突。

三、服刑人员与亲属的人际交往障碍

亲属是服刑人员人际交往的主要对象，亲属关系的好坏是服刑人员能否稳定改造的重要条件。服刑人员与亲属主要通过信件、电话、会见等形式发生联系。亲属关系具有稳定性，服刑人员与配偶存在着亲属与承诺关系，与其他家属存在着血缘和亲情联系，不易受到外界因素的干扰和破坏。亲属关系具有长期性，不因时间的推移、空间的变化而改变，并且伴随一生。亲属关系能给予服刑人员精神支持、情感支持和经济支持。

服刑人员与亲属的人际关系冲突表现在服刑人员和亲属两方面。服刑人员的表现为：责怪父母和配偶给予的关照支持太少，对子女的教育问题较少过问，拒绝家人过问，拒绝家人会见，拒绝写信、回信，拒绝打电话等。亲属方面的表现为：责怪服刑人员，拒绝提供经济支持，未经服刑人员同意擅

自处理服刑人员财产，配偶之间情感纠纷，不会见、不写信、不回信等。

有些亲属认为服刑人员在监狱生活，有吃有喝，生病了还有专门的医生，不需要经济的支出，因此未给服刑人员足够的经济支持，这就会引起服刑人员的误解，认为亲属已经开始嫌弃或抛弃他了。例如，服刑人员陈某入监两年多了，因得不到亲属的经济支持，生活用品都无法购买。同时又未能与亲属说明情况，产生被亲属抛弃的想法，有了自杀的念头。

服刑人员与亲属之间产生人际交往冲突的原因：

（1）情感原因。服刑人员与亲属发生矛盾的情感原因包括服刑人员在入监前与亲属的情感冲突和入监后服刑人员产生的内疚心理。一方面，部分服刑人员在入监前与亲属之间已有矛盾，服刑人员入监而这些矛盾仍未解决；另一方面，部分服刑人员入监产生内疚心理，认为对不起亲属或未尽责任，甚至为了不想给亲属增加负担而拒绝与亲属联系。

（2）经济原因。部分服刑人员亲属因家庭经济困难，无法或只能极少地给予服刑人员经济支持。再者，亲属对服刑人员监狱生活不够了解，认为服刑人员在监狱不需要经济支出。这些原因导致部分服刑人员因经济上遇到困难而产生被抛弃感，转而对亲属不满，甚至产生激烈的矛盾。

（3）沟通原因。服刑人员与亲属的沟通联系方式少、时间短，导致双方信息沟通不足而产生矛盾。服刑人员通过电话、会见和信件与亲属沟通交流，由于时间有限，未能充分沟通，从而在交流过程中出现误解导致不满。

第三节　诊断评估

一、人际信任量表

（一）简介

人际信任是个体将他人的言词、承诺以及口头或书面的陈述认为可靠的一种概括化的期望（Rotter，1967）。高信任者可能较少撒谎、作弊或偷窃，他们可能会更多地给他人第二次机会并尊重他人的正当权利。高信任者可能较少出现不快乐、与他人发生冲突或者环境适应不良，他们通常更讨人喜欢，并且不论是高信任者还是低信任者都愿把他们当作朋友（Rotter，1977）。

人际信任量表（Interpersonal Trust Scale，ITS）是由 Rotter JB 于 1967 年编制。该量表用于测查被试对他人的行为、承诺或（口头和书面）陈述的可靠性。

（二）内容及实施方法

人际信任量表测查内容包括各种处境下的人际信任，涉及不同社会角色（包括父母、推销员、审判员、一般人群、政治人物以及新闻媒体），共25个条目，采用Likert五点自评式量表，从“完全同意”至“完全不同意”分别评定为1～5分。故量表总分从25分（信任程度最低）至125分（信任程度最高），测验时间为10～15分钟。

（三）测量学指标

人际信任量表的分半信度为0.76，其中男性为0.77，女性为0.75。平均间隔7个月的重测信度为0.56（$P<0.01$，$n=24$），而间隔3个月的重测信度为0.68（$n=42$）。有关结构效度的研究提示，该量表得分反映出被试的部分人口学特征（家庭背景、社会经济地位、宗教信仰等），但量表得分没有性别的差异（Rotter，1967）。

因子分析发现该量表有2个因子，分别是特殊信任因子（对同伴或其他家庭成员的信任）和普遍信任因子（对无直接关系者的信任）。也有研究证实量表有3个因子，分别是政治信任、父辈信任和对陌生人的信任。

由于选择项目时避免了与其他量表显著相关的条目，故量表的区分效度较好。大量研究（包括实验室研究、问卷调查、自我报告以及同伴评定等）证实了人际信任量表可以较好地测查被试的人际信任水平（Geller，1966；Hamsher，1968；Rotter，1967；Schlencker，Helm & Tedeschi，1973；Wright，1972）。

（四）结果分析与应用情况

本量表共有13个条目为反向计分，它们是1、2、3、4、5、7、9、10、11、13、15、19和24。如选1则记5分，如选5则记1分，以此类推。所有25个条目得分之和即为该量表的总分，反映了被试人际信任的总体状况，得分高者人际信任度也高。

政治信任因子反映个体对政坛和媒体的可靠性的信任。父辈信任因子测查对于自身有利的权威者个体所感知到的信赖感。对陌生人的信任因子测量对自身可能接触到的陌生人的信任程度（Wright & Tedeschi，1975）。

人际信任量表（ITS）

指导语：使用以下标准表明你对下列每一陈述同意或不同意的程度。

1 = 完全同意　　2 = 部分同意　　3 = 同意与不同意相等

4 = 部分不同意　　5 = 完全不同意

1. 在我们这个社会里虚伪的现象越来越多了。　1　2　3　4　5

2. 与陌生人打交道时，你最好小心，除非他们拿出可以证明其值得信任的依据。　1　2　3　4　5

3. 除非我们吸引更多的人进入政界，否则这个国家的前途将十分黯淡。　1　2　3　4　5

4. 阻止多数人触犯法律的是恐惧、社会廉耻或惩罚而不是良心。　1　2　3　4　5

5. 考试时老师不到场监考可能会导致更多的人作弊。　1　2　3　4　5

6. 通常父母在遵守诺言方面是可以信赖的。　1　2　3　4　5

7. 联合国永远也不会成为维持世界和平的有效力量。　1　2　3　4　5

8. 法院是我们都能受到公正对待的场所。　1　2　3　4　5

9. 如果得知公众听到和看到的新闻多少已被歪曲，多数人会感到震惊的。　1　2　3　4　5

10. 不管人们怎样表白，最好还是认为多数人主要关心其自身的幸福。　1　2　3　4　5

11. 尽管在报纸、收音机和电视中均可看到新闻，但我们很难得到关于公共事件的客观报道。　1　2　3　4　5

12. 未来似乎很有希望。　1　2　3　4　5

13. 如果真正了解到国际上正在发生的政治事件，那么公众有理由比现在更加担心。　1　2　3　4　5

14. 多数获选官员在竞选中的许诺是诚恳的。　1　2　3　4　5

15. 许多重大的全国性体育比赛均受到某种形式的操纵和利用。　1　2　3　4　5

16. 多数专家有关其知识局限性的表白是可信的。　1　2　3　4　5

17. 多数父母关于实施惩罚的威胁是可信的。　1　2　3　4　5

18. 多数人如果说出自己的打算就一定会去实现。　1　2　3　4　5

19. 在这个竞争的年代里，如果不保持警惕别人就可能占你的便宜。
1　2　3　4　5

20. 多数理想主义者是诚恳的并按照他们自己所宣扬的信条行事。
1　2　3　4　5

21. 多数推销人员在描述他们的产品时是诚实的。　1　2　3　4　5

22. 多数学生即使在有把握不会被发现时也不会作弊。　1　2　3　4　5

23. 多数维修人员即使认为你不懂其专业知识也不会多收费。
1　2　3　4　5

24. 对保险公司的控告有相当一部分是假的。　1　2　3　4　5

25. 多数人诚实地回答民意测验中的问题。　1　2　3　4　5

二、社会支持评定量表

（一）测验简介

在心理学中，所谓社会支持指的是一个人从自己的社会关系（家人、朋友、同事等）中获得的客观支持以及个人对这种支持的主观感受。社会支持不仅指物质上的条件和资源，也包括在情感上的支持。社会支持评定量表（Social Science Research Solution，SSRS）是肖水源等在借鉴国外量表的基础上，根据我国的实际情况，自行设计编制的，帮助人们对自己的社会支持有一个全面的评定。测验使用的是自测法，也就是由被试对自己的各个健康指标做一个主观评定。

（二）测验目的

SSRS 量表以社会支持与身心健康的关系为理论指导，根据被试的社会支持情况，对形成被试心理障碍的社会环境原因做出可能性推测。

（三）测验功能

SSRS 适用于 14 岁以上各类人群（尤其是普通人群）的健康测量。本测验结果还可以作为影响因素引入心理障碍、疾病的成因研究中。

（四）理论背景

对于社会关系与健康的关系的研究已经很长时间了。多数学者认为，良好的社会支持有利于健康，而劣性的社会关系的存在则损害身心健康。国外有影响的社会支持问卷一般采用多轴评价方法，即从两个维度：社会支持的数量和对所获得的支持的满意程度来评价。该量表的作者认为对社会支持的评定有必要把对支持的利用情况作为社会支持的第三个维度。

（五）测验构成

问卷共10个条目，包含客观支持、主观支持和对支持的利用度三个维度。在3~5分钟内完成。

社会支持评定量表

姓名：　　　　　　性别：　　　　　　年龄：

文化程度：　　　　职业：　　　　　　婚姻状况：

所在监区：　　　　剩余刑期：

填表日期：　　年　月　日

指导语：下面的问题用于反映您在社会中所获得的支持，请按各个问题的具体要求，根据您的实际情况来回答。谢谢您的合作。

1. 您有多少关系密切、可以得到支持和帮助的朋友？（只选一项）

（1）一个也没有　　　　　（2）1~2个

（3）3~5个　　　　　　　（4）6个或6个以上

2. 近一年来您：（只选一项）

（1）远离家人，且独居一室

（2）住处经常变动，多数时间和陌生人住在一起

（3）和同学、同事或朋友住在一起

（4）和家人住在一起

3. 您与邻居：（只选一项）

（1）相互之间从不关心，只是点头之交

（2）遇到困难可能稍微关心

（3）有些邻居很关心您

（4）大多数邻居都很关心您

4. 您与同事：（只选一项）

（1）相互之间从不关心，只是点头之交

（2）遇到困难可能稍微关心

（3）有些同事很关心您

（4）大多数同事都很关心您

5. 从家庭成员得到的支持和照顾：（在合适的框内划钩）

家庭成员	无	极少	一般	全力支持
A. 夫妻（恋人）				
B. 父母				
C. 儿女				
D. 兄弟姐妹				
E. 其他成员（如嫂子）				

6. 过去，在您遇到急难情况时，曾经得到的经济支持和解决实际问题的帮助的来源有：

（1）无任何来源

（2）下列来源（可选多项）

A. 配偶　B. 其他家人　C. 朋友　D. 亲戚

E. 同事　F. 工作单位　G. 党团工会等官方或半官方组织

H. 宗教、社会团体等非官方组织　I. 其他（请列出）

7. 过去，在您遇到急难情况时，曾经得到的安慰和关心的来源有：

（1）无任何来源

（2）下列来源（可选多项）

A. 配偶　B. 其他家人　C. 朋友　D. 亲戚

E. 同事　F. 工作单位　G. 党团工会等官方或半官方组织

H. 宗教、社会团体等非官方组织　I. 其他（请列出）

8. 您遇到烦恼时的倾诉方式：(只选一项)

（1）从不向任何人诉说

（2）只向关系极为密切的 1 ~2 个人诉说

（3）如果朋友主动询问您会说出来

（4）主动诉说自己的烦恼，以获得支持和理解

9. 您遇到烦恼时的求助方式：(只选一项)

（1）只靠自己，不接受别人帮助

（2）很少请求别人帮助

（3）有时请求别人帮助

（4）有困难时经常向家人、亲友、组织求援

10. 对于团体（如党团组织、宗教组织、工会、学生会等）组织活动，您：(只选一项)

（1）从不参加　（2）偶尔参加

（3）经常参加　　　　　　　　　　（4）主动参加并积极活动

量表计分方法：第 1 ~4、8 ~10 条每条只选一项，选择 1、2、3、4 项分别计 1、2、3、4 分，第 5 条分 A、B、C、D、E 五项计总分，每项从无到全力支持分别计 1 ~4 分，第 6、7 条如回答“无任何来源”则计 0 分，回答“下列来源”者，有几个来源就计几分。

社会支持评定量表分析方法：总分：即 10 个条目计分之和；客观支持分：第 2、6、7 条评分之和；主观支持分：第 1、3、4、5 条评分之和；对支持的利用度分：第 8、9、10 条评分之和。

该量表用于测量个体社会关系的 3 个维度共 10 个条目：客观支持（即被试所接受到的实际支持）、主观支持（即被试所能体验到的或情感上的支持）和对支持的利用度（即反映被试对各种社会支持的主动利用，包括倾诉方式、求助方式和参加活动的情况）3 个分量表，总得分和各分量表得分越高，说明社会支持程度越好。

三、交往焦虑量表

交往焦虑量表（Interaction Anxious Scale，IAS）用于评定独立于行为之外的主观社交焦虑体验的倾向。

IAS 含有 15 条自陈条目，这些条目按 5 级分制予以回答。条目是根据下述两个标准选出的：①涉及主观焦虑（紧张和神经症）或其反面（放松、安静），但并不涉及具体的外在行为。②条目大量涉及意外的社交场合，在这些场合中个体的反应取决于在场其他人的反应，或受其影响（与之相反的，例如公开演讲场合）。其总评分从 15 分（社交焦虑程度较低）到 75 分（社交焦虑程度最高）不等。

编号________　姓名________　性别________　年龄________
测验日期________

指导语：请认真阅读下面的每个条目，并决定其陈述对你适用或其真实的程度。

根据以下标准在相应的条目上进行选择。

1—与我一点儿也不相符。

2—与我有一点儿相符。

3—与我中等程度相符。

4—与我非常相符。

5—与我极其相符。

题目	选择
1. 即使在非正式的聚会上，我也常感到紧张。	1—2—3—4—5
2. 与一群不认识的人在一起时，我经常感到不自在。	1—2—3—4—5
3. 在与一位异性交谈时我通常感到轻松。(R)	1—2—3—4—5
4. 在必须同老师或上司谈话时，我感到紧张。	1—2—3—4—5
5. 聚会常会使我感到焦虑及不自在。	1—2—3—4—5
6. 与大多数人相比，我在社会交往中可能较少羞怯。(R)	1—2—3—4—5
7. 在与我不太熟悉的同性谈话时，我常常感到紧张。	1—2—3—4—5
8. 在求职面试时我会紧张。	1—2—3—4—5
9. 我希望自己在社交场合中信心更足一些。	1—2—3—4—5
10. 在社交场合中，我很少感到焦虑。(R)	1—2—3—4—5
11. 一般而言，我是一个害羞的人。	1—2—3—4—5
12. 在与一位迷人的异性交谈时我经常感到紧张。	1—2—3—4—5
13. 给不太熟的人打电话时我经常感到紧张。	1—2—3—4—5
14. 我在与权威人士谈话时感到紧张。	1—2—3—4—5
15. 即使处于和我相当不同的人群之中，通常我仍感到放松。(R)	1—2—3—4—5

注：有（R）标记的题目需要反向计分。

四、人际关系综合诊断量表

（一）量表

本量表共28个问题，每个问题作“是”或“否”回答，在相应的选项后打钩。请你认真完成。然后参看后面的记分方法，对测验结果做出解释。

1. 关于自己的烦恼有苦难言。 是□否□
2. 和陌生人见面时感觉不自然。 是□否□
3. 过分羡慕和妒忌别人。 是□否□
4. 与异性交往太少。 是□否□
5. 对连续不断的会谈感到困难。 是□否□
6. 在社交场合感到紧张。 是□否□
7. 时常伤害别人。 是□否□
8. 与异性来往感觉不自然。 是□否□
9. 与一大群朋友在一起，常感到孤寂或失落。 是□否□
10. 极易受窘。 是□否□
11. 与别人不能和睦相处。 是□否□
12. 不知道与异性相处如何适可而止。 是□否□
13. 当不熟悉的人对自己倾诉他的生平遭遇以求同情时，自己常感到不自在。 是□否□
14. 担心别人对自己有什么坏印象。 是□否□
15. 总是尽力使别人欣赏自己。 是□否□
16. 暗自思慕异性。 是□否□
17. 时常避免表达自己的感受。 是□否□
18. 对自己的仪表（容貌）缺乏信心。 是□否□
19. 讨厌某人或被某人所讨厌。 是□否□
20. 瞧不起异性。 是□否□
21. 不能专注地倾听。 是□否□
22. 自己的烦恼无人可申诉。 是□否□
23. 受别人排斥与冷漠。 是□否□
24. 被异性瞧不起。 是□否□

25. 不能广泛地听取各种意见、看法。 是□否□

26. 自己常因受伤害而暗自伤心。 是□否□

27. 常被别人谈论、愚弄。 是□否□

28. 与异性交往不知如何更好地相处。 是□否□

选“是”的给1分，选“否”的给0分，总分：

（二）总分解释

（1）如果总分在0~8分，说明被试善于交谈，性格开朗、主动，关心别人，对周围朋友很好，愿意与他们在一起，彼此相处得不错。

（2）如果总分在9~14分，说明被试与朋友相处有一定的困扰，人缘一般，与朋友的关系时好时坏，经常处于起伏变动之中。

（3）如果总分在15~28分，说明被试在与朋友相处时存在严重困扰。分数超过20分，则表明人际关系行为困扰程度很严重，而且在心理上出现较为明显的障碍：被试可能不善于交谈，也可能是个性格孤僻的人，不开朗，或者有明显的自高自大、讨人嫌的行为。

（三）分量表结果解释

根据下面各个小栏上的得分，具体说明被试与朋友相处的困扰行为及其纠正方法。

1. 记分表Ⅰ栏上的小计分数，显示出被试在交谈方面的行为困扰程度

（1）如果得分在6分以上，说明被试不善于交谈，只有在极需要的情况下才同别人交谈，总难以表达自己的感受，无论是愉快还是烦恼；被试不是个很好的倾听者，往往无法专心听别人说话或只对单独的话题感兴趣。

人际关系综合诊断量表计分表

Ⅰ	题目	1	5	9	13	17	21	25	小计：
Ⅱ	题目	2	6	10	14	18	22	26	小计：
Ⅲ	题目	3	7	11	15	19	23	27	小计：
Ⅳ	题目	4	8	12	16	20	24	28	小计：

（2）如果得分在3~5分，说明被试的交谈能力一般，能够诉说自己的感受，但不能讲得条理清晰。如果被试与对方不太熟悉，开始时往往表现得比

较拘谨与沉默，不太愿意与对方交谈，但这种状况一般不会持续太久。经过一段时间的接触，被试可能会主动与人搭话，这方面的困扰也就会随之减轻或消除。

（3）如果得分在0～2分，说明被试有较高的交谈能力和技巧，善于利用恰当的说话方式来交流思想感情，因而在与别人建立友情方面，往往更容易获得成功。

2. 记分表Ⅱ栏上的小计分数，显示出被试在交际与交友方面的行为困扰程度

（1）如果得分在6分以上，说明被试在社交活动与交友方面存在严重的行为困扰。例如，在正常集体活动与社交场合，比大多数同伴更为拘谨；在有陌生人或领导在场时，往往感到更加紧张；往往过多考虑自己的形象而使自己处于越来越被动和孤立的境地。

（2）如果得分在3～5分，说明被试在社交与交友方面存在一定的困扰。被试不喜欢一个人待着，需要和朋友在一起，但不善于创造条件并积极主动地寻找知心朋友。

（3）如果得分在0～2分，说明被试对人较为真诚和热情，不存在人际交往困扰。

3. 记分表Ⅲ栏上的小计分数，显示出被试在待人接物方面的困扰程度

（1）如果得分在6分以上，说明被试缺乏待人接物的机智与技巧。在实际的人际交往中，被试也许有意无意地伤害别人，或者过分羡慕别人以致在内心嫉妒别人。因此，可能受到别人的冷漠、排斥，甚至愚弄。

（2）如果得分在3～5分，说明被试是个多侧面的人，也许是一个较圆滑的人。对待不同的人，被试有不同的态度，而不同的人对被试也有不同的评价。被试讨厌某人或者被某人讨厌，但非常喜欢一个人或者被另一个人喜欢。被试的朋友关系某些方面是和谐的、良好的，某些方面却是紧张的、恶劣的。因此，被试的情绪很不稳定，内心极不平衡，常常处于矛盾状态中。

（3）如果得分在0～2分，说明被试较尊重别人，敢于承担责任，对环境的适应性强。被试常常以自己的真诚、宽容、责任心强等个性特点，获得众人的好感与赞同。

4. 记分表Ⅳ栏上的小计分数，显示出被试与异性朋友交往的困扰程度

（1）如果得分在5分以上，说明被试在与异性交往的过程中存在较为严重的困扰。也许被试对异性存有过分的思慕，或者对异性持有偏见。这两种

态度都有片面之处。也可能是因为不知如何把握好与异性交往的分寸而陷入困扰之中。

(2) 如果得分在 3 ~ 4 分，说明被试与异性交往的行为困扰程度一般。有时被试可能觉得与异性交往是一件愉快的事，有时又可能觉得这种交往似乎是一种负担，不知道如何与异性交往最适宜。

(3) 如果得分在 0 ~ 2 分，说明被试知道如何正确处理与异性之间的关系。被试对异性持公正的态度，能大方自然地与他们交往，并且在与异性朋友交往中，得到了许多从同性朋友那里得不到的东西。被试可能是一个比较受欢迎的人。无论是同性朋友还是异性朋友，多数人都比较喜欢和赞赏被试。

第四节 矫治方案

一、个体心理辅导方案

1. 长期咨询目标

(1) 提高表达、倾听和理解能力，能与他人进行有效的沟通。

(2) 提高社交的自信心，克服社交焦虑和恐惧感。

(3) 建立良好的社会支持关系。

2. 短期咨询目标及干预措施

目标 A：评估服刑人员人际沟通障碍的性质、原因和程度。

(1) 通过摄入性谈话，了解服刑人员的个人成长史、家庭教养方式、学业和工作状况、人际交往的现状、生活应激事件和挫折。

(2) 运用人际信任量表、交往焦虑量表、社会支持评定量表等对服刑人员进行评估，寻找服刑人员人际沟通障碍中的内在和外在因素，为心理咨询提供方向。

目标 B：分析沟通障碍的原因，调动改善沟通状况的积极性。

(1) 与服刑人员共同讨论人际交往对个人发展的重要性，人际关系对自己的情绪情感、归属感、认同感和幸福感的影响，调动改善沟通能力的意愿。

(2) 介绍人际沟通障碍常见的原因和类型，探寻服刑人员人际沟通障碍的具体性质、原因和类型。

(3) 采用角色扮演方式，让服刑人员分别扮演信息发出者、传达者和接收者，体验各种不同角色和环节在沟通中的重要作用和容易出现的误区，顿悟自己的问题所在。

（4）根据服刑人员的具体情况，帮助其进行正确的归因，抓住沟通不良的关键因素，制订改善人际沟通障碍的具体行动方案。

目标 C：学习常用的人际沟通技巧。

（1）指导服刑人员学习倾听技术，包括诚恳、耐心、亲切的态度，热情温暖的目光接触，不打断别人，注意适当点头，及时给予反馈等。

（2）指导服刑人员学习表达的技术，包括内容表达和情感表达、表达的语速、语句的长短、礼貌用语、保持微笑等。

（3）指导服刑人员学习及时反馈、语义澄清、概述等技巧；指导服刑人员改善讲话词不达意、啰唆赘述等不良语言习惯。

（4）鼓励服刑人员在日常生活中采用新的沟通方式与人交谈，并在下一次的咨询中讨论其实践的体会。

（5）鼓励服刑人员借阅有关人际交往技巧的书籍，要求对照自己撰写读后感，并在下次咨询中讨论其实践的体会。

（6）学习与他人保持恰当的社交距离，如一般的人际距离是 0.5 ~ 1.25 米，太远或太近都是不恰当的。

目标 D：纠正沟通过程中的不当行为。

（1）提高服刑人员对自己不当行为的觉察能力，避免在与人交谈时出现批评、攻击、贬抑、讽刺、轻视、自夸、自卑、木讷、漫不经心等问题。

（2）引导服刑人员认识到承认个体之间的差异和提高容纳别人态度的必要性，提高对其他服刑人员的信任度。

（3）积极关注周围人的优点和独特性。

目标 E：确认并澄清服刑人员与哪些人交往时产生紧张和焦虑。

（1）让服刑人员详细描述与哪些人交往时，会令他自然产生紧张不安甚至恐惧的情绪，对这些社交焦虑进行初步分级评估。

（2）引导服刑人员认识到以往偶然的失败与挫折的社交经历形成的条件反射对目前社交认知与情绪的影响。

（3）帮助服刑人员识别与社交焦虑有关的非理性认识的自动思维。例如“别人总是不可信任的”，驳斥这些非理性认识，帮助其建立理性的人际认知。

目标 F：教授学习减压放松技术，降低人际交往中的紧张焦虑。

（1）采用想象技术，每天想象自己谈吐自如地与他人交往，一旦出现紧张、焦虑的情绪时，立即使用渐进式肌肉放松、深呼吸放松技术加以对抗。

（2）鼓励每天与熟悉的人进行一次谈话，任意选择谈话主题并逐渐增加交往的时间。或运用系统脱敏疗法、暴露疗法等对人际交往中出现的病态性焦虑与恐惧进行系统脱敏训练。

目标G：帮助服刑人员培养积极的自我暗示，提高自信心。

（1）帮助服刑人员正确认识自己，既看到自己性格上的弱点，同时也看到自己的优点和长处，消除人际交往时的自卑心理。

（2）当消极的想法出现时，马上对自己说“不要这样想！这是没有根据的”，停止对自己的消极评价。

（3）鼓励采用积极的自我肯定技术，如在卡片上写出6～10条有关自我肯定的正面说法，如“天生我材必有用”“我就是我，不必与人相同”。每天复述数次，提高积极的自我意向。

二、团体心理辅导方案

（一）活动1：走出心灵的孤岛——信任之旅

在人生旅途中，我们都会有迷失的时候，这个时刻，如果有人扶我们一把、拉我们一下，帮我们渡过难关、跨越障碍，我们该是多么幸运呀！而能伸出援手的人，更能体验到自己的价值所在。

主题：互助与信任。

活动目的：学会帮助别人与感恩。

活动思路：盲行活动两人一组。角色互换，即每个成员都体验当“盲人”和帮助者的角色。最后分享两种角色的感受及助人的意义。

活动方式：体验法。

活动过程：

1. 活动环节

（1）分组：全体成员在室外围成一个大圈，手牵手，1、2报数，数1的成员向前迈两步围成一个小圈（即内圈），数2的成员为外圈。

（2）盲行：外圈的成员帮助内圈的成员用头巾蒙住眼睛，蒙上眼睛的成员将手牵起来原地转一圈，外圈的成员选择一个“盲人”，然后排好队跟着团队带领者走完一段坎坷的路程（如上下楼、拐弯、窄路等）。在这个过程中，大家都不能说话，帮助者只能用肢体语言。

（3）重见光明：到达目的地后，“盲人”先猜猜帮助自己的人是谁，摘下头巾与帮助者握手致谢。

（4）互换角色：帮助者与“盲人”角色互换。主持人带领再走一条路线，过程与上相同。

2. 天堂的颜色

主持人引导成员感谢父母给我们一双明亮的眼睛，无论是做“盲人”还是做“明目的人”，都可以看到“天堂的颜色”。

成员们进行交流与讨论：

（1）对于“盲人”：当你看不见后是什么感觉？你想起了什么？你对帮助你的人是否满意？为什么？你对自己或他人有什么新的发现？

（2）对于“帮助者”：你怎样理解你所帮助的人？你是怎样想方设法帮助他的？这使你想起了什么？有什么感悟？

3. 分享时刻

对本次活动的感受。

即兴发言：联系生活中的感想。

4. 主持人总结

对整个活动进行总结，并给予正面的回馈和鼓励。

（二）活动2：合作与竞争——同舟共济

主题：合作与竞争。

活动目的：体验人际互动的主要形式。

活动内容：搭塔、组歌、航行。

活动方式：游戏法。

活动过程：

1. 搭塔

主持人给每个组发两张挂历纸，要求发扬团队精神，一起设计“塔”，要求：高、稳、美。每个小组完成后将作品一起展示到前面的桌子上，每个小组派一名成员上前介绍作品及设计过程。大家推选出前三名。

2. 组歌

主题“友谊”，各小组根据主题编写歌词、选曲，全体成员分别上台表演，角色自行安排（领唱、领诵、指挥等）。评比标准：内容与形式统一。

3. 航行

每个组有一张报纸作为船，全组成员一起上船，然后将报纸对折，全组成员一起上船，看最多能折几次。成员需要发挥聪明才智，齐心协力、精诚合作。

每一次活动结束后都由获奖的小组分享合作经验，由主持人总结。

（三）活动3：学习手语歌

手语表达是伴随着特定内容的歌曲旋律，通过手语表达当事人内心的感受和信念的一种艺术形式。在团体心理辅导过程中，适当的歌曲和手语表达有助于增强成员的自我觉察能力，促进成员的互动，营造良好的团体气氛和凝聚力。如果运用得当，手语表达可以获得口语表达起不到的心理治疗作用。

相亲相爱一家人

作词：陈乐融　作曲：陈辉川

我喜欢一回家就有暖洋洋的灯光在等待
我喜欢一起床就看到大家微笑的脸庞
我喜欢一出门就为了家人和自己的理想打拼
我喜欢一家人心朝着同一个方向眺望
我喜欢快乐时马上就想要和你一起分享
我喜欢受伤时就想起你们温暖的怀抱
我喜欢生气时就想到你们永远包容多么伟大
我喜欢旅行时为你把美好记忆带回家
因为我们是一家人
相亲相爱的一家人
有缘才能相聚
有心才会珍惜
何必让满天乌云遮住眼睛
因为我们是一家人
相亲相爱的一家人
有福就该同享
有难必然同当
用相知相守换地久天长
我喜欢一回家就把乱糟糟的心情都忘掉
我喜欢一起床就带给大家微笑的脸庞
我喜欢一出门就为了个人和世界的美好打拼
我喜欢一家人梦朝着同一个方向创造
当别人快乐时好像是自己获得幸福一样

当别人受伤时我愿意敞开最真的怀抱
当别人生气时告诉他就算观念不同不必激动
当别人需要时我一定卷起袖子帮助他
因为我们是一家人
相亲相爱的一家人
有缘才能相聚
有心才会珍惜
何必让满天乌云遮住眼睛
因为我们是一家人
相亲相爱的一家人
有福就该同享
有难必然同当
用相知相守换地久天长
处处为你用心
一直最有默契
请你相信这份感情值得感激
因为我们是一家人
相亲相爱的一家人
有缘才能相聚
有心才会珍惜
何必让满天乌云遮住眼睛
因为我们是一家人
相亲相爱的一家人
有福就该同享
有难必然同当
用相知相守换地久天长

第六章

出监适应障碍

【案例】

张某，男，30岁，籍贯广西，初中文化程度。入监前是服装厂工人。家里有母亲和一个弟弟，丧父，未婚。2014年底，临近过年，没钱回家，在地铁江南西站偷了一部手机，被当场抓住报警。因犯盗窃罪，被判刑8个月，现已服刑6个月。刘某对出狱后的生活感到焦虑，担心因为留下案底找不到工作，害怕村里人和朋友知道自己因盗窃入监会看不起自己。对自己犯案这件事很后悔，认为很不值得，表示出狱后要好好做人，但还是无法消除自己后悔的情绪。

第一节　症状表现

服刑人员的适应障碍不仅仅限于刚入狱，当他们即将刑满出狱，或者刚出狱时也可能会产生适应障碍。这种适应障碍主要是因为较长时间没有接触社会，长期处于监狱管制下，对出狱后的生活感到恐惧不安。常见原因有：害怕因曾有入狱经历而无法找到工作、害怕出狱后其他人歧视的眼光、害怕出狱后亲朋好友的不理睬等。这些会让他们产生严重的自卑心理，甚至会在某些刺激事件之后产生怨恨和报复的情绪，严重影响他们回归社会的正常生活，极易导致其重新走上违法犯罪之路。因此，为了整个社会的和谐稳定，也为了刑满释放人员及其家庭的幸福，都有必要关注即将刑满释放的服刑人员对“刑满释放”的态度，为他们树立起适应于现代社会的新思维模式。

服刑人员刑满释放前面临很多困难和问题，可以归纳为以下三个方面：①无亲可投。多年的监狱生活，让很多家庭都无法维持下去，使得很多服刑人员出狱之后无亲可投，在社会上处于一种孤立的状态。即使是对那些有家庭的服刑人员来说，多年的分离，乍然回归，也难免有一种与家庭“格格不入”的感觉。②无家可归。对于刑满释放后无处可去的人来说，孤独感似乎还是次要的，最主要的实际问题是没有居住的地方，这让很多刑满释放人员在走出监狱的同时就成了流浪汉。③无业可就。刑满释放人员在经过长期关押之后，无论是技能，还是对社会的了解都逊于正常的社会人员，这使得他们在与普通人竞争工作岗位时没有丝毫优势，从而没有稳定的工作和经济来源。所以服刑后期是服刑人员的心理不安定期，即使是平时改造表现比较好的服刑人员也容易产生心理波动。进入这个时期后，服刑中期的平静心理常常会被打破，无论是在遵守监规纪律，还是在劳动改造上，与服刑中期相比都有一定的差异。

一、认知方面

服刑人员虽然在服刑改造期间接受过各种形式的形势政策教育，但毕竟没有狱外社会生活的切身体验。大部分即将刑满释放的服刑人员都会担心不能适应外面社会新的生活方式、交往方式、社会环境、社会风气等。

二、情绪方面

即将刑满释放的服刑人员既有对自己的期盼，又感到愧对家庭、社会、他人；既有重新做人、走向新生的喜悦，又担心刑满释放后找不到工作，难以立足于社会；既对亲人有强烈的思念，又唯恐得不到他们的谅解等。“期待中伴随着惶恐，兴奋中夹杂着茫然”，期待、兴奋和惶恐、茫然这两种矛盾的情绪相互交错，给服刑人员带来不小的情绪困扰。

三、行为方面

有的服刑人员认为多年改造顺利渡过了，即将刑满释放，只要不严重违规违纪，就不会影响到减刑。在这种心理影响下，改造后期容易出现纪律松懈、不遵守行为规范的现象。有的甚至不顾后果，为了一时逞强铤而走险，直至严重违反监规纪律。

第二节　诊断评估

一、症状自评量表

（一）测验目的

本测验的目的是从感觉、情感、思维、意识、行为直到生活习惯、人际关系、饮食睡眠等多种角度，评定一个人是否有某种心理症状及其严重程度。

它对有心理症状（即有可能处于心理障碍或心理障碍边缘）的人有良好的区分能力。适用于测查人群中哪些人可能有心理障碍、某人可能有何种心理障碍及其严重程度。不适用于躁狂症和精神分裂症的测查。

（二）测验功能

SCL－90 可于临床上检查是否存在身心疾病。本测验不仅可以自我测查，也可以对他人（如其行为异常，有患精神或心理疾病的可能）进行核查，假如发现得分较高，则表明急需治疗。

（三）测验内容

编号______ 姓名______ 性别______ 年龄______ 日期______

指导语：下面有 90 条测验项目，列出了有些人可能有的问题，仔细阅读每一条，根据自己现在或最近一星期内的感觉，在相应的方格内划一个钩。必须逐条填写不可遗漏，每一项只能划一个钩，不能划两个或更多。自我评定的五个等级：

1. 无：自觉并无该项问题（症状）。
2. 轻度：自觉有该问题，但发生得并不频繁、不严重。
3. 中度：自觉有该项症状，其严重程度为轻到中度。
4. 偏重：自觉常有该项症状，其严重程度为中到严重。
5. 严重：自觉该症状的频度和强度都十分严重。

条目	无	轻度	中度	偏重	严重
1. 头痛					
2. 神经过敏，心中不踏实					
3. 头脑中有不必要的想法或字句盘旋					
4. 头晕或晕倒					
5. 对异性的兴趣减退					
6. 对旁人责备求全					
7. 感到别人能控制您的思想					
8. 责怪别人制造麻烦					
9. 忘性大					
10. 担心自己的衣饰整齐及仪态端正					

（续上表）

条目	无	轻度	中度	偏重	严重
11. 容易烦恼和激动					
12. 胸痛					
13. 害怕空旷的场所或街道					
14. 感到自己的精力下降，活动减慢					
15. 想结束自己的生命					
16. 听到旁人听不到的声音					
17. 发抖					
18. 感到大多数人都不可信任					
19. 胃口不好					
20. 容易哭泣					
21. 同异性相处时感到害羞不自在					
22. 感到受骗，中了圈套或有人想抓住您					
23. 无缘无故地突然感到害怕					
24. 自己不能控制地大发脾气					
25. 害怕单独出门					
26. 经常责怪自己					
27. 腰痛					
28. 感到难以完成任务					
29. 感到孤独					
30. 感到苦闷					
31. 过分担忧					
32. 对任何事物不感兴趣					
33. 感到害怕					
34. 您的感情容易受到伤害					
35. 旁人能知道您的私下想法					
36. 感到别人不理解您、不同情您					
37. 感到人们对您不友好，不喜欢您					
38. 做事必须做得很慢以保证做得正确					

（续上表）

条目	无	轻度	中度	偏重	严重
39. 心跳得很厉害					
40. 恶心或胃部不舒服					
41. 感到比不上他人					
42. 肌肉酸痛					
43. 感到有人在监视您、谈论您					
44. 难以入睡					
45. 做事必须反复检查					
46. 难以做出决定					
47. 怕乘电车、公共汽车、地铁或火车					
48. 呼吸有困难					
49. 一阵阵发冷或发热					
50. 因为感到害怕而避开某些东西、场合或活动					
51. 脑子变空了					
52. 身体发麻或刺痛					
53. 喉咙有梗塞感					
54. 感到前途没有希望					
55. 不能集中注意力					
56. 感到身体的某一部分软弱无力					
57. 感到紧张或容易紧张					
58. 感到手或脚发重					
59. 想到死亡的事					
60. 吃得太多					
61. 当别人看着您或谈论您时，您感到不自在					
62. 有一些不属于您自己的想法					
63. 有想打人或伤害他人的冲动					
64. 醒得太早					
65. 必须反复洗手、点数或触摸某些东西					

（续上表）

条目	无	轻度	中度	偏重	严重
66. 睡得不稳、不深					
67. 有想摔坏或破坏东西的想法					
68. 有一些别人没有的想法					
69. 感到对别人神经过敏					
70. 在商店或电影院等人多的地方感到不自在					
71. 感到做任何事情都很困难					
72. 一阵阵恐惧或惊恐					
73. 感到在公共场合吃东西很不舒服					
74. 经常与人争论					
75. 单独一人时神经很紧张					
76. 别人对您的成绩没有做出恰当的评价					
77. 即使和别人在一起也感到孤单					
78. 感到坐立不安，心神不定					
79. 感到自己没有什么价值					
80. 感到熟悉的东西变得陌生或不像是真的					
81. 大叫或摔东西					
82. 害怕会在公共场合晕倒					
83. 感到别人想占您的便宜					
84. 为一些有关“性”的想法而苦恼					
85. 您认为应该为自己的过错而受到惩罚					
86. 感到要很快把事情做完					
87. 感到自己的身体有严重问题					
88. 从未感到和其他人很亲近					
89. 感到自己有罪					
90. 感到自己的脑子有毛病					

（四）分析统计指标

1. 总分

（1）总分是90个项目所得分之和。

（2）总症状指数，也称总均分，是将总分除以90（总均分 = 总分 ÷ 90）。

（3）阳性项目数是指评为1～4分的项目数，阳性症状痛苦水平是指总分除以阳性项目数（阳性症状痛苦水平 = 总分 ÷ 阳性项目数）。

（4）阳性症状均分是指总分减去阴性项目（评为0的项目）总分，再除以阳性项目数。

2. 因子分

SCL－90包括9个因子，每一个因子反映出被试的某方面症状痛苦情况，通过因子分可了解症状分布特点。

因子分 = 组成某一因子的各项目总分/组成某一因子的项目数

9个因子含义及所包含项目为：

（1）躯体化：包括第1、4、12、27、40、42、48、49、52、53、56、58共12项。该因子主要反映身体不适感，包括心血管、胃肠道、呼吸和其他系统的主诉不适，头痛、背痛、肌肉酸痛，以及焦虑的其他躯体表现。

（2）强迫：包括第3、9、10、28、38、45、46、51、55、65共10项。主要指那些明知没有必要，但又无法摆脱的无意义的思想和行为，还有一些比较一般的认知障碍的行为征象也在这一因子中反映。

（3）人际关系敏感：包括第6、21、34、36、37、41、61、69、73共9项。主要指某些个人因不自在与自卑感，特别是与其他人相比较时更加突出。在人际交往中的自卑感，心神不安，以及人际交往中的自我意识，消极的期待亦是这方面症状的典型原因。

（4）抑郁：包括第5、14、15、20、22、26、29、30、31、32、54、71、79共13项。苦闷的情感与心境为代表性症状，还以生活兴趣的减退、动力缺乏、活力丧失等为特征。还反映失望、悲观以及与抑郁相联系的认知和躯体方面的感受，另外，还包括有关死亡的思想和自杀观念。

（5）焦虑：包括第2、17、23、33、39、57、72、78、80、86共10项。一般指那些烦躁、坐立不安、神经过敏、紧张以及由此产生的躯体征象，如震颤等。测定游离不定的焦虑及惊恐发作是本因子的主要内容，还包括一项解体感受的项目。

(6) 敌对性：包括第 11、24、63、67、74、81 共 6 项。主要从三方面来反映敌对的表现：思想、感情及行为。其项目包括厌烦的感觉、摔东西、争论直到不可控制的发脾气等各方面。

(7) 恐怖：包括第 13、25、47、50、70、75、82 共 7 项。恐怖的对象包括出门旅行，空旷的场地，人群或公共场所和交通工具。此外，还有反映社交恐怖的一些项目。

(8) 偏执：包括第 8、18、43、68、76、83 共 6 项。本因子是围绕偏执性思维的基本特征而制订，主要指投射性思维、敌对、猜疑、妄想、被动体验和夸大等。

(9) 精神病性：包括第 7，16，35，62，77，84，85，87，88，90 共 10 项。反映各式各样的急性症状和行为，限定不严的精神病性过程的指征。此外，也可以反映精神病性行为的继发征兆和分裂性生活方式的指征。

(10) 其他项目此外还有第 19，44，59，60，64，66，89 共 7 个项目未归入任何因子，反映睡眠及饮食情况，分析时将这 7 项作为附加项目或其他，作为第 10 个因子来处理，以便使各因子分之和等于总分。

各因子的因子分的计算方法是：各因子所有项目的分数之和除以因子项目数。例如，强迫症状因子各项目的分数之和假设为 30，共有 10 个项目，所以因子分为 3。在 1 ~ 5 评分制中，粗略简单的判断方法是看因子分是否超过 3 分，若超过 3 分，即表明该因子的症状已达到中等以上严重程度。下面是正常成人 SCL－90 的因子分常模，如果因子分超过常模即为异常。

SCL－90 测验结果

因子	因子含义	项目	T 分＝项目总分/项目数	T 分
F1	躯体化	1、4、12、27、40、42、48、49、52、53、56、58	/12	
F2	强迫	3、9、10、28、38、45、46、51、55、65	/10	
F3	人际关系敏感	6、21、34、36、37、41、61、69、73	/9	
F4	抑郁	5、14、15、20、22、26、29、30、31、32、54、71、79	/13	
F5	焦虑	2、17、23、33、39、57、72、78、80、86	/10	

（续上表）

因子	因子含义	项目	T分=项目总分/项目数	T分
F6	敌对性	11、24、63、67、74、81	/6	
F7	恐怖	13、25、47、50、70、75、82	/7	
F8	偏执	8、18、43、68、76、83	/6	
F9	精神病性	7、16、35、62、77、84、85、87、88、90	/10	
F10	睡眠及饮食	19、44、59、60、64、66、89	/7	

正常成人 SCL－90 的因子分常模

项目	M ± SD	项目	M ± SD
躯体化	1.37 ±0.48	敌对性	1.46 ±0.55
强迫	1.62 ±0.58	恐怖	1.23 ±0.41
人际关系敏感	1.65 ±0.61	偏执	1.43 ±0.57
抑郁	1.50 ±0.59	精神病性	1.29 ±0.42
焦虑	1.39 ±0.43		

（五）得分解释

1. 总症状指数

总症状指数是指总的来看，被试的自我症状评价介于“没有”到“严重”的哪一个水平。总症状指数的分数在0～0.5之间，表明被试自我感觉没有量表中所列的症状；在0.5～1.5之间，表明被试感觉有点症状，但发生得并不频繁；在1.5～2.5之间，表明被试感觉有症状，其严重程度为轻到中度；在2.5～3.5之间，表明被试感觉有症状，其程度为中度到严重；在3.5～4之间表明被试感觉有症状，且症状的频度和强度都很高。

2. 阳性项目数

阳性项目数是指被评为1～4分的项目数分别是多少，它表示被试在多少个项目中感到“有症状”。

3. 阴性项目数

阴性项目数是指被评为0分的项目数，它表示被试“无症状”的项目有多少。

4. 阳性症状均分

阳性症状均分是指被试自我感觉不佳的项目的程度究竟处于哪个水平。其意义与总症状指数相同。

5. 因子分

SCL－90包括9个因子，每一个因子反映出被试某方面的症状情况，通过因子分可了解症状分布特点。当被试在某一因子的得分大于2时，即超出正常均分，则被试在该方面就很有可能有心理健康方面的问题。

（1）躯体化。主要反映身体不适感，包括心血管、胃肠道、呼吸和其他系统的不适，头痛、背痛、肌肉酸痛，以及焦虑等躯体不适表现。

该分量表的得分在0～48分之间。得分在24分以上，表明被试在身体上有较明显的不适感，并常伴有头痛、肌肉酸痛等症状。得分在12分以下，躯体症状表现不明显。总的说来，得分越高，躯体的不适感越强；得分越低，症状体验越不明显。

（2）强迫。主要指那些明知没有必要，但又无法摆脱的无意义的思想、冲动和行为，还有一些比较一般的认知障碍的行为征象也在这一因子中反映。

该分量表的得分在0～40分之间。得分在20分以上，强迫症状较明显。得分在10分以下，强迫症状不明显。总的说来，得分越高，表明被试越无法摆脱一些无意义的行为、思想和冲动，并可能表现出一些认知障碍的行为征兆。得分越低，表明被试在此种症状上表现越不明显，没有出现强迫行为。

（3）人际关系敏感。主要是指某些人际的不自在与自卑感，特别是与其他人相比较时更加突出。在人际交往中的自卑感、心神不安、明显的不自在、人际交流中的不良自我暗示、消极的期待等是这方面症状的典型原因。

该分量表的得分在0～36分之间。得分在18分以上，表明被试人际关系较为敏感，人际交往中自卑感较强，并伴有行为症状（如坐立不安、退缩等）。得分在9分以下，表明被试在人际关系上较为正常。总的说来，得分越高，被试在人际交往中表现的问题就越多，自卑，自我中心越突出，并且已表现出消极的期待。得分越低，被试在人际关系上越能应付自如，人际交流自信、胸有成竹，并抱有积极的期待。

（4）抑郁。苦闷的情感与心境为代表性症状，还以生活兴趣的减退、动力缺乏、活力丧失等为特征。还表现出失望、悲观以及与抑郁相联系的认知和躯体方面的感受，另外，还包括有关死亡的思想和自杀观念。

该分量表的得分在0～52分之间。得分在26分以上，表明被试的抑郁程度较强，生活缺乏足够的兴趣，缺乏运动活力，极端情况下可能会有想死亡的思想和自杀的观念。得分在13分以下，表明被试抑郁程度较弱，生活态度乐观积极，充满活力，心境愉快。总的说来，得分越高，抑郁程度越明显，得分越低，抑郁程度越不明显。

（5）焦虑。一般指那些烦躁、坐立不安、神经过敏、紧张以及由此产生的躯体征象，如震颤等。

该分量表的得分在0～40分之间。得分在20分以上，表明被试较易焦虑，易表现出烦躁、不安静和神经过敏，极端时可能导致惊恐发作。得分在10分以下，表明被试不易焦虑，易表现出安定的状态。总的说来，得分越高，焦虑表现越明显。得分越低，越不会导致焦虑。

（6）敌对性。主要从三方面来反映敌对的表现：思想、感情及行为。其项目包括厌烦的感觉、摔物、争论直到不可控制的脾气暴发等各方面。

该分量表的得分在0～24分之间。得分在12分以上，表明被试易表现出敌对的思想、情感和行为。得分在6分以下表明被试容易表现出友好的思想、情感和行为。总的说来，得分越高，被试越容易产生敌对心理，好争论，脾气难以控制。得分越低，被试的脾气越温和，待人友好，不喜欢争论，无破坏行为。

（7）恐怖。恐惧的对象包括出门旅行、空旷场地、人群或公共场所和交通工具。此外还有社交恐怖。

该分量表的得分在0～28分之间。得分在14分以上，表明被试恐怖症状较为明显，常表现出社交、广场和人群恐惧，得分在7分以下，表明被试的恐怖症状不明显。总的说来，得分越高，被试越容易对一些场所和物体产生恐惧，并伴有明显的躯体症状。得分越低，被试越不易产生恐怖心理，越能正常地交往和活动。

（8）偏执。主要指投射性思维、敌对、猜疑、妄想、被动体验和夸大等。

该分量表的得分在0～24分之间。得分在12分以上，表明被试的偏执症状明显，较易猜疑和敌对，得分在6分以下，表明被试的偏执症状不明显。总的说来，得分越高，被试越易偏执，表现出投射性的思维和妄想，得分越低，被试思维越不易走极端。

（9）精神病性。反映各式各样的急性症状和行为，即限定不严的精神病性过程的症状表现。

该分量表的得分在0～40分之间。得分在20分以上，表明被试的精神病性症状较为明显；得分在 10 分以下，表明被试的精神病性症状不明显。总的说来，得分越高，越多地表现出精神病性症状和行为。得分越低，就越少表现出这些症状和行为。

（10）其他项目。附加项目或其他，作为第 10 个因子来处理，以便使各因子分之和等于总分。

二、霍兰德职业倾向测试

（一）简介

本测验是以美国著名职业教育专家霍兰德的人才测评理论为基础，结合中国广大工作者的实际而编制。根据霍兰德的研究成果和后人的分析论证，按照不同的职业特点和个性特征，一般可以将人分为六类：现实型（R）、探索型（1）、艺术型（A）、社会型（S）、管理型（E）和常规型（C）。这六种类型的人具有不同的典型特征。每种类型的人对相应职业类型感兴趣，人格特征和职业需求进行合理搭配的特点。

同时，人们在择业时主要受三个因素的影响：兴趣（你想做什么——兴趣倾向）、能力（你能做什么——个人经历）和人格（你适合做什么——人格倾向）。以此为依据，本套试题由三部分组成：兴趣倾向问卷、个人经历问卷和人格倾向问卷，分别对被试的兴趣、能力和人格特点进行测评。通过对测评结果的综合分析，可以帮助被试发现和确定自己的职业兴趣和能力特长，使其对与自身性格匹配的职业类别、岗位特质有更为明晰的认识，从而使其在就业、升学、进修或职业转向时，能做出最佳的选择。

（二）测验内容

请你根据对每一题目的第一印象作答，不必仔细推敲，答案没有好坏、对错之分。具体填写方法是，根据自己的情况每一题回答“是”或“否”。做完测试，大家对自己的职业选择有什么疑问，可以通过交流提出来，我们一起来探讨。

1. 我喜欢把一件事情做完后再做另一件事。 是□否□
2. 在工作中我喜欢独自筹划，不愿受别人干涉。 是□否□
3. 在集体讨论中，我往往保持沉默。 是□否□
4. 我喜欢做戏剧、音乐、歌舞、新闻采访等方面的工作。 是□否□

5. 每次写信我都一挥而就，不再重复。 是□否□

6. 我经常不停地思考某一问题，直到想出正确的答案。 是□否□

7. 对别人借我的和我借别人的东西，我都能记得很清楚。 是□否□

8. 我喜欢抽象思维的工作，不喜欢动手的工作。 是□否□

9. 我喜欢成为人们注意的焦点。 是□否□

10. 我喜欢不时地夸耀一下自己取得的成就。 是□否□

11. 我曾经渴望有机会参加探险。 是□否□

12. 当我一个人独处时，会感到更愉快。 是□否□

13. 我喜欢在做事情前，对此事情做出细致的安排。 是□否□

14. 我讨厌修理自行车、电器一类的工作。 是□否□

15. 我喜欢参加各种各样的聚会。 是□否□

16. 我愿意从事虽然工资少，但是比较稳定的职业。 是□否□

17. 音乐能使我陶醉。 是□否□

18. 我办事很少思前想后。 是□否□

19. 我喜欢经常请示上级。 是□否□

20. 我喜欢需要运用智力的游戏。 是□否□

21. 我很难做那种需要持续集中注意力的工作。 是□否□

22. 我喜欢亲自动手制作一些东西，从中得到乐趣。 是□否□

23. 我的动手能力很差。 是□否□

24. 和不熟悉的人交谈对我来说毫不困难。 是□否□

25. 和别人谈判时，我总是很容易放弃自己的观点。 是□否□

26. 我很容易结识同性朋友。 是□否□

27. 对于社会问题，我通常持中庸的态度。 是□否□

28. 当我开始做一件事情，即使碰到再多的困难，我积极地干下去。 是□否□

29. 我是一个沉静而不易动感情的人。 是□否□

30. 当我工作时，我喜欢避免干扰。 是□否□

31. 我的理想是当一名科学家。 是□否□

32. 与言情小说相比，我更喜欢推理小说。 是□否□

33. 有些人太霸道，有时明明知道他们是对的，也要和他们对着干。 是□否□

34. 我爱幻想。 是□否□

35. 我总是主动地向别人提出自己的建议。　是□否□
36. 我喜欢使用榔头一类的工具。　是□否□
37. 我乐于解除别人的痛苦。　是□否□
38. 我更喜欢自己下了赌注的比赛或游戏。　是□否□
39. 我喜欢按部就班地完成要做的工作。　是□否□
40. 我希望能经常换不同的工作来做。　是□否□
41. 我总留有充裕的时间去赴约会。　是□否□
42. 我喜欢阅读自然科学方面的书籍和杂志。　是□否□
43. 如果掌握一门手艺并能以此为生，我会感到非常满意。　是□否□
44. 我曾渴望当一名汽车司机。　是□否□
45. 听别人谈“家中被盗”一类的事，很难引起我的同情。　是□否□
46. 如果待遇相同，我宁愿当商品推销员，而不愿当图书管理员。　是□否□
47. 我讨厌跟各类机械打交道。　是□否□
48. 我小时候经常把玩具拆开，把里面看个究竟。　是□否□
49. 当接受新任务后，我喜欢以自己的独特方式去完成它。　是□否□
50. 我有文艺方面的天赋。　是□否□
51. 我喜欢把一切安排得整整齐齐、井井有条。　是□否□
52. 我喜欢当一名教师。　是□否□
53. 和一群人在一起的时候，我总想不出恰当的话来说。　是□否□
54. 看情感影片时，我常禁不住眼圈红润。　是□否□
55. 我讨厌学数学。　是□否□
56. 在实验室里独自做实验会令我寂寞难耐。　是□否□
57. 对于急躁、爱发脾气的人，我仍能以礼相待。　是□否□
58. 遇到难解答的问题时，我常常放弃。　是□否□
59. 大家公认我是一名勤劳踏实的、愿为大家服务的人。　是□否□
60. 我喜欢在人事部门工作。　是□否□

现实型 R 人格倾向：具有顺从、坦率、谦虚、自然、坚毅、现实、有礼、害羞、稳健、节俭的特征，表现为：①喜爱实用性的职业或情境，以从事所喜好的活动，避免社会性的职业或情境。②用具体实际的能力解决工作及其他方面的问题，较缺乏人际关系方面的能力。③重视具体的事物，如金钱，权力、地位等。

典型职业：工人、农民、土木工程师。

研究型 I 人格倾向：具有分析、谨慎、批评、好奇、独立、聪明、内向、条理、谦逊、精确、保守的特征，表现为：①喜爱研究性的职业或情境，避免企业性的职业或情境。②用研究的能力解决工作及其他方面的问题，即自觉、好学、自信，重视科学，但缺乏领导方面的才能。

典型职业：科研人员、数学、生物方面的专家。

社会型 S 人格倾向：具有合作、友善、慷慨、助人、仁慈、负责、圆滑、善社交、善解人意、说服他人、理想主义等特征，表现为：①喜爱社会型的职业或情境，避免实用性的职业或情境，并以社交方面的能力解决工作及其他方面的问题，但缺乏机械能力与科学能力。②喜欢帮助别人、了解别人，有教导别人的能力，且重视社会与伦理的活动与问题。

典型职业：教师、牧师、辅导人员。

第三节　矫治方案

一、心理沙龙：聊聊我们对未来的期望

1. 沙龙对象

新入监且存在适应障碍的服刑人员。

2. 沙龙目标

（1）给服刑人员提供一个相互交流的机会，使大家相互之间有更深一步的了解，拉近彼此之间的距离，促使新入监的服刑人员不再因感觉孤独而难以适应监狱生活。

（2）引导大家针对相关话题自由谈论，言语交流本身就是一种很好的心理调适方法。

（3）鼓励大家积极交流，耐心倾听，分享彼此内心真诚的感情。

（4）能通过此次沙龙心理，重燃服刑人员对美好生活的期望，达到使其保持积极心态面对监狱生活，积极改造的目的。

3. 活动过程

步骤一：破冰热身活动。

项目名称	对对碰	项目类型	破冰
人员要求	15～30 人	时间预计	5～10 分钟
场地要求	空地	项目道具	①音乐；②凳子（人数 +1）
项目简介	音乐起则空位两旁的人拉人填补空位，音乐停则仍在走动的人要接受惩罚，用于活跃气氛以使参与者投入拓展活动中		
项目目标	通过较大幅度的动作使参与者将注意力尽快投入到拓展活动中		
项目规则	1. 众人围坐一个大圈，留一张空椅 2. 音乐开始，坐在空椅子左右边的两个人立刻起身去拉人来坐在那张空椅上后坐回原位 3. 被带走的人留下空位，两旁的人就要起身拉人 4. 音乐停止，还在走着的人便算输		
项目安全	注意走动的时候容易撞倒、绊倒凳子		
项目变通	如果主题是沟通、抉择等，可将两个人分别去拉人时要多加“共同讨论出要拉哪位参与者”再一同去拉的环节，有利于引出后面的拓展活动		
总结引导	在进行完这个比较激烈的环节后，我们放松一下（后面只要没有这么激烈的活动都可以接一句“下面我们来进行一个节奏比较舒缓的环节”）		
注意事项	所找的音乐要欢快		
项目备注	可进行几轮，在几轮结束后再进行惩罚，惩罚项目提前准备		

步骤二：主题话题讨论。

（1）聊聊我们入监之前的生活是怎样的。

（2）说说我们的梦想或者是我们理想中的生活状态。

（3）设想一下自己刑满出监之后的现实生活会是怎样的。

（4）理想与现实之间存在哪些障碍？我们能改变的有多少？要怎么做？

注意事项：

（1）每个话题都允许大家自由发言，干警要注意观察现场所有服刑人员的表现，对于那些始终不发言的参与者，可以给予适当的引导。

（2）每个话题的讨论时间都应控制在 8～10 分钟。

（3）针对第四个话题，大家可以为他人的情况作更全面的分析，相互之间给出合理可行的建议。

（4）倘若某位参与者在分享的过程中出现了情绪波动过大的情况，干警要注意给予安抚和引导。

（5）干警要尽量引导大家积极发言，自由讨论，营造一种积极轻松的愉快氛围。

步骤三：干警针对此次的话题讨论作个总结。

步骤四：给每位服刑人员一张 A4 纸和一支笔，让大家把自己的所思所想、所感所悟以及别人给出的建议写下来，作为对自己的鼓励和期望。

二、生涯规划团体心理辅导活动设计

统计数据显示，服刑人员最主要的困惑首先来自对未来生活的困扰，其次是就业。测试结果表明，服刑人员对刑满释放后的生活普遍存在迷茫的心态。职业生涯辅导是指依据一套有系统的辅导计划，通过辅导人员的协助，引导个人探究、评判并整合运用有关的知识、经验而开展活动。这些知识经验包括：

（1）对自我的了解。

（2）对职业及其他有关的影响因素（如工作者的态度和训练等）的了解。

（3）对价值观及休闲活动对个人生活的影响与重要性的了解。

（4）对生涯规划和生涯决定中必须考虑的各种因素的了解。

（一）生涯规划团体心理辅导的目标和内容

1. 目标

（1）引导服刑人员树立正确的劳动观、职业观和择业观。

（2）帮助服刑人员从身边职业开始，逐步深入社会，了解本地区各类单位和各类职业的情况。

（3）帮助服刑人员了解自己（包括兴趣、能力、个性），引导服刑人员扬长避短，提高服刑人员各种素质，发掘服刑人员的潜力。

（4）帮助服刑人员提高就业的决策能力。

2. 内容

（1）了解职业辅导。包括了解职业、了解专业和了解社会。

（2）自我了解辅导。帮助服刑人员了解自己的职业能力、职业兴趣、职业个性等心理特点和自身的生理特点。

（3）生涯探索辅导。树立正确的职业观和择业观，帮助服刑人员了解职业的内涵和职业在人生中的重要意义。

（4）合理选择辅导。帮助服刑人员根据自己的身心特点和职业要求，发现自己的长处，找到不足，在选择职业的过程中能扬长避短，选择最适合自身特点的职业或专业。同时帮助服刑人员勇敢面对自己未来的道路，通过理性分析和自身努力，实现自己的职业理想；帮助服刑人员掌握求职择业的技巧。

（二）生涯规划团体心理辅导活动

1. 活动一：外面的世界很精彩——欢乐岛

主题：天生我才必有用。

活动目的：了解职业兴趣

活动内容：心中的桃花源、欢乐岛、分享时刻。

活动方式：游戏活动法。

活动过程：

（1）热身活动：神奇魔幻商店。

在神奇魔幻商店里有各式各样人类的特质，如爱、成功、快乐、勇敢、勤奋、幸福等，但不以金钱来做交易，团体成员可以当顾客来谈交易，以自己不良的特质，如懒惰、说谎、虚伪等，交换所期盼的特质。

（2）分组：拼图分组，R、I、A、C、E、S 共 6 张字母大纸，共 6 种颜色，分割成小卡片，数量为每个小组的人数，发给每个成员一张，在给定时间内由所有成员找自己的同类并将图片拼凑完整。

（3）心中的桃花源。

指导语：你获得了一次免费度假游的机会，有机会去下列六个岛屿中的一个。唯一的要求是你必须要在这个岛上和岛上的居民一起生活至少半年的时间。请不要考虑其他因素，仅凭自己的兴趣挑出你最想前往的岛屿。

R：自然原始的岛屿。岛上的自然生态环境很好，有各种野生动物。居民以手工见长，自己种植花果蔬菜、修缮房屋、打造器物、制作工具，喜欢户外运动。

I：深思冥想的岛屿。有多处天文馆、科技博物馆及图书馆。居民喜好观察学习，崇尚和追求真知。常有机会和来自各地的哲学家、科学家、心理学家等交换心得。

A：美丽浪漫的岛屿。美术馆、音乐厅、街头雕塑和街边艺人，到处弥漫着浓厚的艺术文化气息。居民保留了传统的舞蹈、音乐与绘画。许多文艺界的朋友都喜欢来这个地方找寻灵感。

C：现代、秩序井然的岛屿。岛上建筑十分现代化，是进步的都市形态，以完善的户政管理、地政管理、金融管理见长。岛民个性冷静保守，做事有条不紊，善于组织规划，细心高效。

E：显赫富庶的岛屿。居民善于企业经营和贸易，能言善道。经济高度发展，处处是高级饭店、俱乐部、高尔夫球场。往来者多是企业家、经理人、政治家、律师等。

S：友善亲切的岛屿。居民个性温和、友善、乐于助人，社区均自成一个密切互动的服务网络，人们重视互助合作，重视教育，关怀他人，充满人文气息。

你最想去的岛屿是哪个呢？

其次，在剩下的 5 个岛屿中你最想去的是哪个呢？

最后，在剩下的 4 个岛屿中你最想去的是哪个呢？

依次写下来：1. ________ 2. ________ 3. ________

（4）解读：六个岛屿代表着六种典型的职业生涯兴趣类型（其中，第一个是主要兴趣，第二、三个是辅助兴趣）。

选择 R 岛

类型：实用型（Realistic）

喜欢的活动：愿意从事事务性的工作，喜欢户外活动或操作机器，喜欢有规则的具体劳动和需要基本技能的工作，而不喜欢在办公室工作。

喜欢的职业：制造业（木匠、农民、技师、工程师、机械师）、渔业、野外生活管理业（鱼类和野生动物专家）、技术贸易业、机械业、农业、林业、特种工程师和军事工作（车工、钳工、电工、报务员、火车司机、机械制图员、电器师、机器修理工、长途公共汽车司机）等。

这类职业一般是指熟练的手工业行业和技术工作，通常要运用手工工具或机器进行劳动，这类人往往缺乏社交能力。

选择 I 岛

类型：研究型（Investigative）

喜欢的活动：处理信息（观点、理论），喜欢智力的、抽象的、分析的、推理的、独立的任务。

喜欢的职业：实验室工作人员、生物学家、化学家、社会学家、工程设计师、物理学家、程序设计员、天文气象学者、药剂师、动物学者、科学报刊编辑、地质学者、数学家等。

这类职业主要指科学研究和实验方面的工作，这类人往往缺乏领导能力。

选择 A 岛

类型：艺术型（Artistic）

喜欢的活动：喜欢通过艺术作品来达到自我表现，爱想象，感情丰富，不顺从，有创造性，能反省，喜欢写作、音乐、艺术和戏剧。

喜欢的职业：艺术型的人缺乏办事员的能力，适合作家、艺术家、摄影师、音乐家、诗人、雕刻家、漫画家、演员、戏剧导演或编剧、作曲家、音乐教师、记者和室内装潢专家等。

选择 S 岛

类型：社会型（Social）

喜欢的活动：喜欢社会交往，常出席社交场所，关心社会问题，愿为别人服务，对教育活动感兴趣。

喜欢的职业：这类人往往缺乏机械能力，适于做导游、教师、社会工作者、牧师、心理咨询员、服务性行业人员、福利机构工作者、公共保健护士等。

选择 E 岛

类型：企业型（Enterprising）

喜欢的活动：性格外向，爱冒险活动，喜欢担任领导角色，具有支配、劝说和言语技能。喜欢领导和影响别人，或为了达到个人或组织的目的而热衷于说服别人。希望成就一番事业。

喜欢的职业：这类人往往缺乏科学研究能力，适合商业管理、律师、政治家、福利机构工作者、旅馆经理、广告宣传员、营销人员、市场或销售经理、公关人员、采购员、调度员、投资商、电视制片人和保险代理等。

选择 C 岛

类型：事务型（Conventional）

喜欢的活动：喜欢系统的有条理的工作任务，具有实际、自控、友善、保守的特点。善于组织和处理数据，喜欢固定的、有秩序的工作或活动，希望确切地知道工作的要求和标准。愿意在一个大的机构中处于从属地位。

喜欢的职业：这类人往往缺乏艺术能力，适合会计师、银行出纳、行政助理、秘书、档案文书、税务专家、计算机操作员、成本估算员、核对员、打字员、办公室职员、统计员、计算机操作员、法庭速记员等。

2. 活动二：红色轰炸

主题：满足服刑人员的社会赞许动机。

活动目的：

（1）帮助团队成员学会面对面地给予他人具体的正面回馈，增进相互间的了解。

（2）帮助自信心不足的团队成员了解自己的长处，增强自信心。

活动内容：准备礼物、互送礼物、猜猜他是谁。

活动方式：游戏活动法。

活动过程：

（1）准备礼物：每个成员自己做一个信封，信封上写上自己的名字。每人准备 10 张左右的卡片。每人在团体中选择 10 个成员分别在卡片上写出他们的五个优点（要求：诚恳，不阿谀奉承）

（2）互送礼物：每个成员将写好的每一个卡片分别塞到其他成员的信封中，先不要打开，全部集中放到讲台上，彻底“洗牌”。

（3）猜猜他是谁：成员分别上台，随机抽取一个信封，打开大声读出卡片上的内容，由大家来猜猜他是谁。

三、文学作品诵读

（一）作品一：相信未来

相信未来

作者：食指

当蜘蛛网无情地查封了我的炉台
当灰烬的余烟叹息着贫困的悲哀
我依然固执地铺平失望的灰烬
用美丽的雪花写下：相信未来
当我的紫葡萄化为深秋的露水
当我的鲜花依偎在别人的情怀
我依然固执地用凝霜的枯藤
在凄凉的大地上写下：相信未来
我要用手指那涌向天边的排浪

我要用手撑那托住太阳的大海
摇曳着曙光那支温暖漂亮的笔杆
用孩子的笔体写下：相信未来
我之所以坚定地相信未来
是我相信未来人们的眼睛
她有拨开历史风尘的睫毛
她有看透岁月篇章的瞳孔
不管人们对于我们腐烂的皮肉
那些迷途的惆怅、失败的苦痛
是寄予感动的热泪、深切的同情
还是给以轻蔑的微笑、辛辣的嘲讽
我坚信人们对于我们的脊骨
那无数次的探索、迷途、失败和成功
一定会给予热情、客观、公正的评定
是的，我焦急地等待着他们的评定

朋友，坚定地相信未来吧
相信不屈不挠的努力
相信战胜死亡的年轻
相信未来、热爱生命

（二）作品二：有一缕阳光就要灿烂

有一缕阳光就要灿烂

作者：佚名

……

是的，有一缕阳光就要灿烂
这缕阳光，其实就是希望
只有心怀希望
才能在阴霾的天空中看到曙光
才能在逆境中产生拼搏的力量

不要嫌弃一缕阳光的微小
它能给万物以生命
不要埋怨希望之渺茫
它能让你走出绝境
能让你起死回生

参考文献

［1］司法部监狱管理局．心理健康教育．南京：南京大学出版社，2013．

［2］马立骥，董长青，朱国强．大墙内心理问题探秘——罪犯心理咨询与矫治案例．北京：人民卫生出版社，2011．

［3］秦海莲，吴春辉．服刑人员心理矫治．北京：中国政法大学出版社，2015．

［4］魏荣艳．罪犯教育学．北京：法律出版社，2015．

［5］叶俊杰．罪犯心理咨询与矫正．北京：清华大学出版社；武汉：华中科技大学出版社，2011．

［6］贾洛川．罪犯生命精神荒原开发研究．上海：上海社会科学院出版社，2008．

［7］刘嵋，董兴义．重塑人格——服刑人员团体心理辅导．北京：金城出版社，2011．

［8］张仲祥．服刑人员职业生涯规划概论．杭州：浙江人民出版社，2012．

［9］曹广健．服刑人员团体心理辅导策略．北京：中国财政经济出版社，2013．

［10］王少静．服刑人员社会适应与心理资本、应对方式相关性及其干预研究．漳州：闽南师范大学，2013．

［11］李力．女性服刑人员心理健康状况测查及相关因素分析．济南：山东师范大学，2003．

［12］郭托娅．心理剧治疗对服刑人员抑郁症状影响的现场实验研究．北京：中国政法大学，2009．

［13］龚文进，敖小玲．服刑人员出监前焦虑与人格特质的相关研究．社会心理科学，2008（6）．

［14］李路荣，颜剑雄，谭千保．服刑人员心理问题及其心理矫治．中国

健康心理学杂志，2008（4）.

［15］王洋洋．服刑人员再社会化的社会支持问题研究．长沙：中南大学，2013.

［16］杨阳．艺术化团体辅导对服刑人员感戴心理的影响．曲阜：曲阜师范大学，2014.

［17］曾祥龙，李毅，曹广健等．十日内观课程对服刑人员的干预：效果、机制与本土化．中国临床心理学杂志，2013（5）.

［18］邱鸿钟，鲁丹，王苑芮等．阅读治疗对服刑人员心理健康状况的前瞻性实验研究．中国健康心理学杂志，2010（10）.

［19］王淑华．服刑人员回归社会保护的调查分析研究．沈阳工程学院学报（社会科学版），2014，10（1）.

［20］季国辉．一例服刑人员出监前产生焦虑情绪的个案分析．社会心理科学，2014（Z1）.

［21］邓巍．一例出监焦虑服刑人员沙盘治疗过程及效果．心理技术与应用，2014（7）.

［22］包常云．一例服刑人员出监前产生焦虑情绪的个案报告．社会心理科学，2011，26（7）.

［23］刘鹏．出监监狱促进刑释人员社会融入的责任研究．长沙：中南大学，2014.

［24］梅峰．临床心理学视野下的新入监服刑人员心理评估及干预策略研究．南京：南京中医药大学，2012.

［25］梅峰，杜文东．新入监服刑人员心理健康和自尊状况关系研究．精神医学杂志，2012（3）.

［26］刘柳．女性服刑人员的环境适应与再社会化问题．南京大学学报（哲学·人文科学·社会科学版），2012，49（5）.

［27］梅峰，杜文东．团体训练对新入监服刑人员心理健康和自尊的改善作用研究．南京医科大学学报（自然科学版），2012（6）.

［28］熊淑萍．心理矫治在服刑人员教育改造中的运用．湖北警官学院学报，2014，27（11）.

［29］蔡志梅．当前新入监服刑人员的心理健康状况调查研究．预防青少年犯罪研究，2015（4）.

［30］张明禄．音乐团体治疗对入监初期服刑人员心理健康状况的影响．